班主任新经典丛书　　最新版

BANZHUREN XINJINGDIAN CONGSHU　　ZUIX

U0570643

班主任
工作实用案例

BANZHUREN
GONGZUO SHIYONG ANLI

　　本套丛书根据班主任工作的实际需求，分门别类地对班主任的专业发展、班级管理、工作方法等方方面面进行了介绍，辅以一线教师的实践案例，为广大教师提供了丰富的参考资源。尤为可贵的是，本丛书注重时代性，研究和解决了一些当前教育情形下的新问题，可谓是班主任教师们新的经典。

BENSHU BIANXIEZU　　　　　　　　　　　　　　本书编写组◎编

世界图书出版公司
WPC　广州·北京·上海·西安

图书在版编目（CIP）数据

班主任工作实用案例／《班主任工作实用案例》编
写组编．—广州：世界图书出版广东有限公司，2010.11（2024.2 重印）
ISBN 978 - 7 - 5100 - 2994 - 3

Ⅰ．①班… Ⅱ．①班… Ⅲ．①班主任 - 工作 - 案例
Ⅳ．①G451

中国版本图书馆 CIP 数据核字（2010）第 217503 号

书　　　名	班主任工作实用案例	
	BAN ZHU REN GONG ZUO SHI YONG AN LI	
编　　　者	《班主任工作实用案例》编写组	
责任编辑	张梦婕	
装帧设计	三棵树设计工作组	
出版发行	世界图书出版有限公司　世界图书出版广东有限公司	
地　　　址	广州市海珠区新港西路大江冲 25 号	
邮　　　编	510300	
电　　　话	020–84452179	
网　　　址	http://www.gdst.com.cn	
邮　　　箱	wpc_gdst@163.com	
经　　　销	新华书店	
印　　　刷	唐山富达印务有限公司	
开　　　本	787mm × 1092mm　1/16	
印　　　张	11.75	
字　　　数	160 千字	
版　　　次	2010 年 11 月第 1 版　2024 年 2 月第 4 次印刷	
国际书号	ISBN　978-7-5100-2994-3	
定　　　价	59.80 元	

"班主任新经典"丛书编委会

主　编

王利群　　解放军装甲兵工程学院心理学教授
周作宇　　北京师范大学教授、教育学部部长

编　委

马世晔　　中华人民共和国教育部考试中心
李功毅　　《中国教育报》副总编
王增昌　　《中国教育报》高级编辑
殷小川　　首都体育学院心理教研室教授
张彦杰　　北京市教育考试院
魏　红　　北京师范大学教务处
刘永明　　北京师范大学继续教育与教师培训学院　副研究员
刘艳茹　　北京市顺义区教育研究考试中心，中学高级教师
刘维良　　北京教育学院教育学教授
杨树山　　中国教师研修网执行总编
肖海雁　　山西大同大学心理系主任，教授
张兴成　　西南大学（原西南师范大学）副教授
南秀全　　湖北黄冈特级教师
方　圆　　北京光辉书苑教育研究中心研究员

序　言

随着教育改革的深入和学校教育活动越来越丰富多样，班主任在学校中所担当的角色也越来越多，新时代对班主任提出了"全能"的要求。顾名思义，"全能的班主任"就是指班主任要成为一个全面发展的人，能够在学生发展的各个方面都能提供帮助。班主任应该是爱的传播者，班主任要成为学生的知心朋友，成为全体学生的领路人，成为学生的心理医生；班主任应该是班级的建设者，要成为班级文化的设计师，成为班级纪律的管理员，成为班级成员的评判者。班主任还应该是自我实现的人，班主任要做一个管理者、教育者、研究者，班主任要在成全全体学生的同时，要实现自己的专业成长和个人价值。

换而言之，要成为一个"全能的班主任"，需要扮演好以下的几个角色：

一、学生的知心朋友和领路人

班主任爱学生，成为学生的知心朋友，是做好各项工作的前提和基础。为此，班主任对学生必须真诚、平等，要经常站在学生的角度，设身处地为他们着想。

"领路人"的角色，意味着班主任的一言一行都会影响到全体学生。班主任一定要保证自己是"朝着正确的方向行走"，这样师生一路结伴而行，才会成为有意义的事情。

二、学生的心理医生

班主任应像心理医生那样和蔼可亲，细致入微地体察学生的内心世界。为此，班主任必须熟悉心理学，学会综合运用心理学和心理咨询的方法，帮助学生分析、解决面临的各种问题及心理障碍，注重培养学生的社会适应能力。

三、班级的建设者和管理者

班级的组织、制度、文化建设，都是至关重要的，尤其是班级文化对学生的教育力和影响力非常巨大。班主任除了注意班级目标、班规班纪、管理机制、竞争机制、教室美化、活动开展这些方面的建设和管理，还要把重点放在积极向上的班风班貌、合作进取的团队精神等的营造上，使每一个班级成员都受到熏染和浸润。

四、评判者和沟通者

班主任在学生心目中却有着较高的威信，这种威信常体现在他的"裁判"角色中。学生之间发生冲突或争执，甚至是对某个问题存在争论，他们都会找到班主任这里来"评理"。班主任要通过评判，引导学生建立起认识问题的正确思维方法和正确的价值体系。另外，班主任也应该是使学校教育、家庭教育、社会教育相一致、相配合的枢纽和桥梁。

五、研究者和自我实现者

如何按照教育规律和儿童身心发展规律，积极有效地教育好学生是一项非常复杂的工作。这就需要班主任在自己的实践中，注重观察，仔细分析研究，努力探索班级管理和教育的规律，不断总结具有学术价值和实践意义的理论与经验。班主任的研究过程，本身就是一个实现自我专业成长的过程，是一个自我价值实现的过程。

现实的情况是，有的班主任能够顺应教育发展趋势，及时改变自己，很好地适应了新背景下的工作要求，而有的班主任却思维僵化，教育教学方法不能与时俱进，或者是虽然有意改变自己，但转变过于缓慢，成为一个落伍者；另外也有一些新入职的班主任，对班主任工作缺乏足够的了解，工作能力也亟需提高。

鉴于此，我们对新背景下班主任应该具备怎样的素质，进行了一次梳理，组织专家编写了这套"班主任新经典"丛书。我们的希望是，班主任能够在阅读中汲取营养，在实践中不断提高自我，最终成长为一个"全能的班主任"。

前　言

　　所谓案例，是含有问题或疑难情景在内的真实发生的典型性事件。班主任工作案例讲述着班主任在教育工作中发生的一个个有情节、有冲突、有趣味、有启发的故事。

　　本书所选班主任工作案例题材广泛，涉及班主任工作的方方面面，既有对学生恶作剧冷静处理的分析，也有关于召开班会的创新与探索；既有针对差生的教育转化艺术，也有对优秀生偶犯错误的"惩罚"与"点醒"技巧，既有班干部的培养与选拔，也有班主任与学生心灵沟通的技巧；既有对人生、理想观的探讨，也有对早恋现象的引导；既有对单亲家庭、贫困家庭学生的教育对策，也有对来自家庭条件优越的学生的教育反思；既有对叛逆心理学生的诊断，也有对自卑心理学生的关注……这一篇篇案例，向我们展示了当代中小学生复杂、丰富又亟待浇灌的内心、情感和精神世界，既让我们看到了班主任工作的辛苦和不易，也为更多的教师深入了解我们的教育对象提供了一幅广阔的全景图。

　　在案例编选的过程中，我们首先注重的是案例的典型性与实用性，希望能对班主任，尤其是年轻的班主任们提供参考和帮助；另外我们也注重案例的故事性，生动精彩的情节，理性深刻的反思，是我们选取案例的标准，目的在于让读者从字里行间感受班主任教育生涯中的欢笑和泪水，让我们看到班主任在他们这一特殊而艰巨的岗位上留下的生命的痕迹。

目录

contents

第一章

班级建设篇

1."借机使力"

去年的下半年，我新接手了一个初一班。新学期开学的第一天，我和我的学生们第一次见面了。

我走进教室时，已有三四十个学生到了班级。他们各自拉了桌凳坐着，后面还零乱地放着些桌凳，教室还未打扫。因为暑假里我接受了新教育理念的培训，现在想实践一下，于是我便对在场的学生说："有谁愿意把教室后面的课桌凳排好？"按照以往的经验，我期待着高高举起的一只只手臂。因为这么大的孩子往往喜欢表现自己，与老师的第一次见面更想在老师面前表现表现。出乎意料，竟没有一个人举手，我又问了几遍："有谁愿意把教室后面的课桌凳排好？"还是看不到一只举着的手。这班学生怎么啦，要是强行指定，违了初衷。于是我说："那让我来排吧。"我走到后面，将一张张桌凳拉好，排正。过了近六分钟时间，居然没有一个学生上来帮助。

排好桌凳，走上讲台，我有种更强烈的试试这班学生的欲望。我又说："有谁愿意把我们的教室打扫一下？"眼睛扫视两遍教室，还是没有人举手。我又问了一遍："有谁愿意为我们班把教室打扫一下？没有人愿意还是我来。"终于，有两位同学举起了手。于是我让其他同学先出去，我们三个扫起了教室。教室外有不少学生家长，只听到有人说："老师在打扫教室啊？"话语中有种吃惊、感叹。是啊，在他们眼里可能未见过这样的现象。弯腰扫地的我也别有一番滋味，做了十几年教师，学生在旁边站着，我在扫地，这还是第一次，看看这些学生究竟有什么感触。我们把教室和走廊打扫得干干净净，然后让在外面的同学走进整洁明亮的教室。

打扫完教室，我回办公室休息了一会儿。我的心中久久不能平静，这件事实在让我吃了一惊，现在的学生怎么啦？慢慢地我理出了点头绪：这

些学生都是在甜水中泡大的，家庭的过分宠爱，养成了他们以自我为中心的思想，劳动观念、集体观念淡薄。现在到了这个新的班级，还没有对老师的敬畏，更没有为新集体尽力的意识。班级工作就从这里开始吧。

在发放新书之前我上了半堂班会课，面对一双双瞧着我的眼睛，我说："同学们，我们每个人都有一个温暖的家，爸爸妈妈都努力地尽着自己的一分力，使我们家庭的每个成员感到幸福，我们也用自己好的成绩给家人带来欢乐。如果星期天哪位同学为家庭做一些家务，那定会给家人带来惊喜，你自己也会有一种特殊的感觉。大家是不是有这样的体会?""有!"大部分同学会心地微笑了，还有几个表现得异常兴奋。我又接着说："从现在开始，我们就组成了初一（7）这样一个新班级，我们也是一个大家庭，在这个大家庭中，你们希不希望也像在自己的小家庭中一样感到温暖快乐呢?""希望!"这一次声音更整齐响亮，学生的情绪慢慢地高涨起来。"那么，"我说，"一个家庭的幸福要靠每个家庭成员共同努力才能得来，我们这个大家庭的温暖快乐也需要大家努力付出。比如，刚才我们的教室又脏又乱，我和两位自告奋勇的同学为大家打扫干净了，现在我们坐在整齐干净的教室里心情多舒畅啊。我们在打扫时虽然吃了点灰尘，也有点累，但是我想到，我的劳动使我的学生第一次进班级就很舒心，我心里就很快乐。我们这两位同学一定也有这样的感觉，是不是啊?"这两个小家伙用力地点点头，脸上洋溢着幸福。"我希望在这个新的大家庭里，我们每个人尽其所能地为它出一分力，大家感到温暖的时候，你会更幸福!"然后我问："下面有谁愿意跟我去为大家把新书搬到教室来?""我去!""我去!""我去!"下面"哗"地举起一大片手臂。

这天晚自修后，我又问："有谁愿意把教室打扫一下?"二十多人齐刷刷地举起了手臂。

9月1日这天，我有意没排卫生值日表，而是在班上临时招募：

"有谁愿意把教室打扫一下?"

"有谁愿意把走廊打扫一下?"

"有谁愿意把自行车排一下?"

"有谁愿意把包干区打扫一下?"

看到一次比一次多的手臂举起，看到同学们劳动中的快乐劲儿，我感到一种从未有过的欣慰。后来碰到一些偶然的突击性的任务，我还是问："下午的大扫除需要几块抹布，有谁愿意带？""有谁愿意……"现在，我们班上"有谁愿意……"已经省略了。比如我说"下午的大扫除需要几块抹布"就行了。

案例反思

在这件事上，班主任抓住学生起初的对班集体对劳动淡漠的态度，通过身教，通过入情入心的引导，巧妙解决了班级建设中的一个大问题，为后来建设优良的班集体奠定了坚实的基础。

思想教育不能停留在空洞的口头上，要深入到学生的日常行为中去，让学生在行动中去理解去实践思想教育内容。要利用机会，创造机会，在活动中强化教育，使之变成学生的自觉行为。所以，9月1日班主任有意没排卫生值日表，通过临时招募——"有谁愿意……"以后，一些临时性的工作，也用这一方法，就是为了强化学生为集体为别人服务的意识。

在与学生的相处中，学生不可能都顺着老师的心意。碰到让自己尴尬、恼火的情况时，班主任千万要冷静，要始终站在引导帮助学生的角度去思考问题。这一案例中，开始遇到那难堪的情形时，如果班主任不冷静，发上一通火，不但失去这次绝佳的教育时机，而且师生第一次见面，就都很不愉快，那会多么遗憾啊。

2. 在竞争中架起友谊的桥梁

学生升入初三以后，"两极分化"的现象越来越严重：约占全班三分之一的优秀学生，为了考上理想的重点高中，加足马力，只顾自己埋头读书，不关心集体，不关心他人；还有三分之一左右的学生，学习上困难越来越大，他们苦恼、沉闷，甚至失去信心。有的学生在日记中写道："……同学和集体不是那么可爱了，有人说，好学生都是自私的，越到关键时刻，越是如此……"

所有这一切，天天都在困扰着我，促使我深思：难道"两极分化"是教育的必然规律吗？难道那些优秀学生到了关键时刻真的都变得自私了吗？作为一名班主任，应该做些什么？能够做些什么？

常言道：手大捂不过天。在学习吃力的学生当中，有的理科差，有的外语不行，也有的文理各科由于基础没打好，成绩每况愈下……这绝不是一个班主任或某一两科任课教师单枪匹马就能解决的。

"我们能不能开展互帮互学的活动，在竞争中架起友谊的桥梁，使学习有困难的同学赶上来呢？"

我试着在班会上就这个问题征求大家的意见。

然而，我想得太简单了——绝大多数同学用沉默回答了我，就连我最信任的团支部书记和班长，也用"嘟嘟嚷嚷"和"低头回避"表示反对。

会后，团支部书记对我说："老师您也太爱操心了！平时他们不好好学习，现在都什么时候了，又让人家好学生帮助，时间耽误得起吗？"我愕然了：一个"三好标兵"、团支部的带头人竟然是这样想问题的。看来，不能操之过急，需要深入、细致地做思想工作。

一连三天，我耐心地同团支部书记谈理想，谈友谊的重要和美好，谈老子的名言"既以为人己愈有，既以与人己愈多"的辩证道理……她笑了，思想通了。我们又分头做好了 13 名"三好学生"的思想工作……

教育干部，教育骨干，是开展活动、奠定基础必不可少的第一步。

经过引导，团支部作出决定：为了最大限度地防止"两极分化"，人人争做优秀的初中毕业生；为了增进友谊，争做心灵美好的共青团员，在初中最后一学年开展"在竞争中架起友谊的桥梁"的经常性活动。

我们立即组织了"在竞争中架起友谊的桥梁"的主题班会。会上，按照团支部的事先分工，优秀共青团员们主动伸出友谊之手，和学习有困难的同学结成"对子"，组成"友谊小组"，互相谈心，并且制订了学习计划……

从此，每天放学后或假日里，都会在教室，在凉亭，在假山，在湖畔，在校园的各个角落，看到我们"友谊小组"的同学们在谈心，在思考，在研讨，在攻关……

随着时光的流逝，同学之间的友谊也在与日俱增。寒假过后，我收到一位同学的父亲写来的一封信，信里介绍了他的女儿和另一名同学在团支部书记的帮助下，成绩有了明显进步，赞扬了团支书在寒假期间主动热情、风雪无阻、坚持助人的高尚精神，并且在信中讲述了一个动人的故事：

团支书在"友谊小组"里，对同学诚恳帮助，严格要求，而且严于律己，以自己的模范行动影响、带动同学。小组里规定：小组成员每天必须按时完成作业和"补漏练习题"，而且一定要保证质量，违反"规定"者，要"面壁"10 分钟。一次，小组里互查作业之后，团支书竟然出人意料地由于没有完成作业，表示要"面壁"10 分钟。同伴和在一旁的家长都劝她："你学习那么出色，一次没写完作业没什么关系……"可她还是坚持"面壁"了。事后，家长和同伴得知她当时患了重感冒正在发着高烧的情况，更为感动。

就这件事，我及时组织同学们进行评论、思考。从此，团支书又得了一个"面壁书记"的雅号。

榜样的力量是无穷的。优秀共青团员们纷纷以自己的支部书记为榜样，自觉地检查了自己在"在竞争中架起友谊的桥梁"活动中的不足之

处，更加热情地去帮助伙伴，促进友谊了……

我又抓住每一个机会做思想工作，为这一蓬勃开展的活动推波助澜：我和被帮助的同学谈心，启发他们树立高标准，帮助他们改进学习方法，鼓励并赞美他们点滴的进步，使他们充满必胜的信心；我经常在班上朗读他们的充满赞美和感激之情的作文或日记，促进美好感情的交流；在家长会上，我向家长们介绍"友谊小组"的动人事迹，争取家长的有力支持……

友谊的种子终于开出了绚烂的花朵。"友谊小组"里的 15 名被帮助对象，纷纷以"美好的心灵、高尚的情操"、"友谊给了我力量"、"集体的温暖促我上进"为题写作文介绍自己的进步，感谢伙伴的帮助，赞美友谊的力量。

小谢同学在一篇作文中写道："……每天放学后，我不愿回家，总想在'友谊小组'里多讨论几道题，多说几句话。这里比我的家还温暖啊！父母说我进步了，老师说我聪明了，同学说我热情、开朗了，我要对所有的人大声说'是友谊使我获得了神奇的力量，我要终生珍惜这纯真的美好的友谊'……"另外，这些同学都不同程度地补上了知识的漏洞，有了长足的进步。在升学考试中，有 13 人考入了自己的第一志愿学校——市属重点高中或中等专业学校；而那些热情助人的优秀共青团员们，也都实现了自己的美好愿望，高高兴兴地接到了"北京大学附属中学"、"北京师范大学实验中学"、"清华大学附属中学"、"北京师范大学附属中学"等重点高中的录取通知书，他们陶醉在"万紫千红春满园"的幸福之中。一位同学深有感触地说："我们开展的'在竞争中架起友谊的桥梁'的活动真是太有意义了，我感到凡是给同学讲一遍的问题，比自己看五遍印象还深刻，真是'教学相长'啊！"

在孩子们毕业分手前夕，我们举办了"珍惜集体荣誉、友谊，不负母校培育、期望"为主题的最后一次班会。会上，大家淌着热泪缅怀了幸福的初中时光，赞美了纯真的同窗友情，衷心地感激老师的辛勤培养……大家纷纷表示：要让无比珍贵的、在竞争中培育出来的友谊，始终伴随着我们在成才之路上迈出更加坚实有力的步伐……

孩子们毕业了，和我分手了，但他们却给我留下了宝贵的财富和深刻的启迪：任何一项有意义的活动，班主任都不应把它强加于学生的身上。如果你遭到学生的抵制（无论是行动上的还是心理上的），你必须冷静下来，在自己身上找原因，并且耐心地寻找并打开"突破口"，努力把自己的教育意图转变为每个同学的自觉行动。当活动搞起来之后，你还要善于抓住"教机"，积极疏导，呐喊助威，推波助澜，争取达到最好的效果。

案例反思

班级最初的意义就在于它是一个学习的组织。那么多经历、学历、年龄相当而气质、性格、天赋、情趣各异的男女混编在一个班级里，既是一件奇妙的事情，也是最值得重视和珍惜的一笔宝贵的财富。故事中的班主任，根据减少或消灭学习上"两极分化现象"的工作需要，成功地组织开展了"在竞争中架起友谊的桥梁"的班级活动，可以说，他是将班级的功能和作用发挥到了最大限度。生活在这个班集体中的学生和参加这个班集体活动的同学，最终收获到的，绝不仅仅是学业上的进步，还有品格的锤炼和精神的提升，而这正是学校班集体建设最孜孜以求的"双重功效"。

3. 蓝色的希望

新学期，我接任了初一（1）班班主任。怎样才能在最短的时间内形成班集体呢？根据以往的经验，我试着从激发同学们的自豪感和集体荣誉感入手。围绕这个想法，我精心设计了第一次班会活动。

上课铃响了，像每次和新生见面一样，我总免不了激动。但我尽力保持镇定，微笑着走上讲台，用平缓亲切的语调向同学们问好：

"同学们，你们好！从今天起，我们就要朝夕相处在一块儿。在第一次班会上，我将送给大家一件礼物。"

"礼物？""真新鲜！在班会上老师给同学送礼物。""是什么礼物呢？"

在孩子们的纷纷议论声中，我打开了红绸裹住的小包，拿出一个镶有金边、绘着彩色图案的精致簿子，封面上写着几个鲜红的大字："初一（1）班荣誉簿"。我双手捧着它，沿着过道绕教室走了一周，孩子们发出了啧啧的赞叹声。

"同学们，我虽然不是诗人，但喜欢用诗歌来表达自己的感情，请允许我献给你们一首诗，作为这本荣誉簿的题词吧！"

"老师，快念吧！"孩子们迫不及待了。

翻开扉页，上面写着一首小诗。望着一张张兴奋的面孔，我深情地朗诵着：

蓝色的希望，

我把它献给你们，

它默默地记下，

那属于你们的：

蓝色的希望，

洁白的心灵，

火红的光点，

翠绿的青春，

金灿灿的硕果，

玫瑰色的人生。

鼓起远航的风帆吧，

向着五彩缤纷的前程飞奔！

孩子们屏住了呼吸，那一双双对未来充满希望的眼睛，闪烁着纯洁的光亮。我的心热了。

"希望，怎么是蓝色的呢？"有人问。"同学们，你们喜欢万里无云的天空吗？蔚蓝色的天空，象征着我们的理想远大，希望美好。'洁白'象征着纯净、美好、高尚，就叫'洁白的心灵'。"

有几个孩子重复念着：

"蓝色的希望，洁白的心灵。"

"绿色，象征着旺盛的生命力，而你们不正处在这个翠绿色的、旺盛的年龄阶段吗？在人生道路上，往往会有许多值得称赞的人和事，你们每做的一件好事，都将是生命历程中的三个闪光点。在你们经过不懈的努力和追求之后，生活会给予你们回报，那就是秋天里金灿灿的硕果。到那时，人们会捧着玫瑰花来祝贺，称赞你们为人民做出了贡献。你们说，会有这一天吗？"

回答我的是孩子们跃跃欲试的表情。

"同学们，我为大家写下了第一页。后面的第一页由谁来写呢？德、智、体几方面都优秀的同学可以来写'三好'栏；心灵手巧的同学可以来写'智慧'栏；为公办事的同学可以写'品德'栏；乐于助人的同学可以写'团结栏'；在学雷锋活动中成绩优秀的同学可以写'英雄的脚印栏'……同学们，争取吧！看谁在这个簿子上留下的名字最多。"此时此刻，我和孩子们都沉浸在向往的激情中了。

"将来你们长大后，还能从我保留的荣誉簿上看到你们留下的脚印。那时，你们或许是机器旁边的工人，或许是手握钢枪的战士，或许是碧空中银燕的驾驶者，或许是实验室中潜心研究的科学工作者，或许是贡献卓著的企业家，或许是自学成才的发明家……不管你们在什么岗位上，当你们看到自己在少年时代留下的脚印时，都一定会感到自豪，感到欣慰。"

"啪啪啪啪……"掌声经久不息。

在热烈的掌声中，我转身在黑板上奋力写下了几个大字："荣誉属于你们——初一（1）班的同学们！"

"丁当，丁当……"在不知不觉中响起了下课的铃声。

一学年过去了，孩子们已经在荣誉簿上记下了一页又一页闪光的事迹，教室里整整齐齐挂着6张班集体在学校各项活动中赢得的奖状。每当我翻阅荣誉簿时，常常有孩子告诉我：

"陈老师，第一节班会课给我们留下的印象太深了。"

班主任是一个班级的组织者和管理者，他既是一班孩子的好朋友，更是一班孩子的"领头羊"。当好组织者，做好"领头羊"，形成和加强班级的凝聚力和向心力非常重要。

第一次班会课，教师以赠送精美礼物——"荣誉簿"的方式，富有诗意地提出"蓝色的希望"，激励启发学生为班集体荣誉而共同奋斗。既写意又务实，真是太妙、太棒了！试问，还有什么比这更契合新生的心理需要呢？还有什么比这更符合天真烂漫、积极向上的青少年的心理特点呢？所以，陈老师的班会，群情激昂，掌声经久不息，是可想而知的。至于效果如何，自有一年后的结果可以印证。"蓝色的希望"是我们所能见到的少有的充满情趣与活力的班级教育管理故事。

4. 14 岁生日班会

铃声响后，同学们都在教室里坐好了。这一节是班会课，我面带笑容地走进教室。与往常不同的是，我手里拎着一台录音机，还拿着一本包装精美的画册。

我按响了录音机，顿时，教室里回荡起那熟悉的《生日快乐》歌。随着音乐，我带头唱了起来："祝你生日快乐……"

我缓缓地走向李欣，向她伸出了手。她惊诧了，一时间不知该怎么做，愣愣地坐在那里抬着头看着我。而其他同学却一下子明白了，有的跟着音乐声一起唱"祝你生日快乐"。"你请大家给你在这张贺卡上留个言吧。"我说。翻开贺卡，第一行是几个醒目的大字："李欣，祝你 14 岁生日快乐！愿你拥有最美的青春！"

大家传阅着卡片，并在上面写下自己的祝福。我又换上了一盘磁带，然后，对大家说："今天是李欣的生日，对李欣来说是不寻常的一天，而对她的父母来说就更不寻常了。我们都是与父母生活在一起的，但是，未必每个人都清楚地了解父母对我们的爱。李欣的父母给她写了一封信，借此机会，让我们一起来聆听一下父母的教诲与心声吧。"

我再次按响录音机，传来我的配乐朗诵声："欣欣，我的好女儿，妈妈由衷地向你道一声生日快乐！……14 年前的今天，你带着妈妈的希望、妈妈的寄托来到了这个充满光明、充满爱的人间。你的出世给初为人母的我带来了无比的幸福，同时也带来了烦恼……"

这位母亲用心写着她对女儿的期望，用情写着 14 年来的每一件小事。无处不在的爱啊，这位母亲用朴实无华却饱含深情的话语，将自己对女儿的心意倾泻而出！伴着悠扬的音乐声，我仿佛就是那位母亲，动情地朗诵着。每个学生都是那么专注，听到感人处，有好几个学生悄悄地擦着眼泪。教室中的每一个角落都被这配乐朗诵声所震动着，而实际上真正产生震撼力的是那份母爱之情！

　　早在开学初写班主任计划时，我就一直在思忖着：每到初二都要召开关于迈好青春第一步（14 岁生日）的主题班会，今年怎么个开法？还有，结合"三八"妇女节的到来，搞什么活动才能使学生理解妈妈的爱呢？思考后我认为，初二学生之所以容易发生问题，其中主要原因是学生到了这个年龄，心理上进入了"断乳期"，自认为已经够成熟了，不愿意听父母的教诲，如果父母多说几句，就认为父母唠叨、烦人，而不去耐心体会父母的想法和意图。解决这个问题，就要使学生愿意接近父母，理解父母，听取父母的意见，接受父母的教育。怎样才能使学生和家长在心理上缩短距离呢？怎样才能使学生静下心来，仔细听一听父母的心声呢？我思索着。

　　每逢生日，孩子们总是"狮子大张口"，向父母要这要那的，父母也总是一味地满足，高档的用品被拿到学校在同学之间攀比。唉！何不让家长送给孩子精神上的礼物？既节省了钱，又能表达父母对儿女的爱；既避免了不良现象的发生，又可以增进沟通。主意拿定，我开始筹划了。提前一个星期左右，我通知即将过生日的学生的家长，邀请他们给自己的孩子写生日贺信并寄到学校来。收到信后，我认真修改。因为有的家长文化程度不高，有的家长又对孩子的批评太多，爱的描述太少，不容易让孩子接受。准备工作做好之后，我再精心选择适合文章内容的背景音乐，一遍又一遍地朗诵着录音。有的家长写得太好了，我在朗诵的时候，多次被感动得落泪。

　　录音带还在继续。"女儿，你已经长大了，你不再是妈妈翅膀下的小鸟了，你是飞翔在蓝天中的一只勇敢的小鹰。未来的生活中还会有许许多多的困难挫折，妈妈相信你一定能不畏艰难险阻，勇敢自由地飞向前方。到那时，你才算真正长大了！"

　　听完了李欣妈妈的话，许久，教室中似乎还弥漫着那份情感。母亲与女儿的心似乎在空气中交融着。最后，我又说道："李欣，希望你能用心去体会妈妈的话，不辜负妈妈的期望。"我举起手中那本精美的画册说：

"这是我特地为你挑选的，里面收集的都是美院学生的绘画作品。送给你，祝愿你有一天也能考上美院！"之后，我转向大家："李欣母亲的话其实也是我们每个人的妈妈的话。家长的良苦用心我们一定要好好地去体会，感动之后，还要用心去想一想，家长的每一句唠叨之中，包含着的是对我们的挚爱和无限的期望啊！"

一次特殊的班会在一片掌声中结束了。我相信回到家中，李欣一定还会把这盘带子拿出来再听一遍，她一定会再次惊讶地听见我其他的话，因为在朗读完她妈妈的信之后，我又对她说了一段话，对她提出了希望与要求。

案例反思

教师的职业是需要热情投入的职业。"捧着一颗心来，不带半根草去。"真心真意、甘为人梯，这是班主任工作的人格境界。只有这样，我们才会如案例中的老师那样，为了开好一个"迈好青春第一步"的主题班会，引导学生过更加简朴而有意义的生日，反复思忖，精心准备，为学生的健康成长倾注心血，创造性地开展工作。

专家型教师的一个重要人格心理特征，就是对工作的执著和痴迷。试想，没有这种精神，故事中的这位老师，愿意花那么多工夫去做这样一件看上去美丽而有点"奢侈"的事情吗？没有这种精神，她又怎能创造出如此优雅而让人感动的工作故事呢？

5. 那片人生林

刚参加工作时，我带的那个班的学生学习很散漫，半学期过去了，各科成绩一直不太好。带过这个班的老师都说，这个班没多大希望。我望着孩子们那一双双明亮的眼睛和活泼的身影，总觉得希望还是有的。十年树木，百年树人，孩子成长总要有一个过程。只要孩子们的思想转变过来了，一切都会好的。所以，我觉得，首要的工作是让孩子们有一个美好的理想，对生命的意义有一个正确的认识。

那年春天，我常利用活动课时间带孩子们去野外，感受春天的气息，看山川河流，看草木生长，看日出日落。渐渐地，孩子们对生命的意义有了初步的认识。

植树节的时候，我带着学生去学校附近的河堤上栽了一片小杨树，并为每一棵树起了一个名字，树的名字就是栽树人的名字。我们还为那片小树林竖了一块"人生林"的小木牌。

由于这些小树都是孩子们亲手栽种的，而且每一棵树都以他们的名字命名，所以他们对这些小树特别有感情。学生们自发组成了护林小队，经常利用上学放学的时间来看护，每隔一段时间便来浇一次水，有的学生还特意绕道来看小树长高了没有。夏天到来的时候，这片"人生林"便已郁郁葱葱。

为了让孩子们对生活和生命的意义有更深刻的认识，一次作文课的时候，我没让学生留在教室，而是带领他们去了那片小树林，上了一堂观察作文课。然后，我让学生写了篇《我与小树一起成长》的作文。

作文讲评时，我赞扬了学生的作文后说："人的成长犹如一棵树的成长，从树苗到成才，需要有一个过程，这个过程须经历风吹、雨淋、日晒、雷击、霜冻……须经受种种磨难，才能成为一棵参天大树，才能净化

15

空气，美化我们生存的家园，才能在炎热的夏天给我们一片清凉。而我们要想茁壮成长，同样也必须付出艰辛的劳动和汗水，自强不息，努力向上。生命对每一个人来说只有一次，既然我们来到这个世界上，就应当珍惜和热爱自己的生命，现在努力学习，今后努力工作，来回报我们的社会和所有关心过我们的人，从而让我们的生命更有意义、更精彩，就像我们栽的那片‘人生林’。"

从此，班里的学生上课更认真了，逐渐形成了良好的学习风气。

初三毕业的时候，我们全班在那片"人生林"留影。那是一个风和日丽的上午，学生整齐地站在那里，绿树也整齐地站在那里，从孩子们那庄重严肃的表情里和绿树的粗壮挺拔中，我看到了一幅人生旅途中美丽的"希望"图画。

案例反思

"意义"，对于青少年学生的精神成长和人格发育，无异于空气、阳光和水对于生命的意义。毋宁说，"意义"就是青少年精神成长和人格发育的空气、阳光和水；没有这些生命养分，青少年的精神、人格发育，就无法完成，或者根本"长不大"！

从这个案例中，我们可以切实地感到：青少年价值启蒙多必要，多具体，多实在！一点也不空洞、抽象和遥远！其效果主要取决于教师怎样操作。故事中的老师，堪称育人高手。你看他形象教育的整体设计，形象教育的感染过程，形象教育的提升深化，多么生动有效。尤其是作文评讲，将人生与小树的成长形象地联系在一起；将要想茁壮成长，必须付出艰辛的劳动与汗水，必须自强不息，努力向上的道理形象化，变得浅显通俗，入脑入心，十分符合初中学生的认知水平和心理特征：感性、好奇、梦幻、多思。

6. 国外学生怎样学习

引导学生关注国外学生的学习，能使学生更全面地理解教育的实质，能使学生更积极主动地配合老师，进行教育教学改革。

我常给学生读外国学生的作文。

法国一位中学生写了自己背井离乡、故意选择艰苦的环境体验生活、磨炼自己的经历。他讲述了自己离别父母和舒适的家庭生活，到非洲南部，和当地居民居住、生活在一起达一年之久的经历。我读完以后，学生们都陷入了深深的思考：为什么他能那么自觉地接受艰苦生活的磨炼？

美国一位中学生写的是自己如何面对家庭生活的不幸，学生时代便挑起支撑家庭生活的担子。

前苏联的中学生写的是他们如何在集体生活中增强自己与别人协作的能力，如何学会尊重、理解别人和遵守社会公德。

我多年以来坚持订阅《外国教育动态》杂志。那上面有了适合学生的内容，我便向学生介绍。

我给学生读《日本山口县的教育》。日本的教育方法、教育内容引起了学生的关注，特别是有的学校想方设法磨炼学生的毅力，如有的让学生光脚参加各项课外活动，鼓励学生赤足到鹅卵石地上去跑。这一做法，引起了我班学生的兴趣。

读《加拿大教育一瞥》这篇文章时，学生们感到加拿大有的学校确实是把学生当成了学习的主人。有的校长介绍说："我们学校有 500 名学生，便有 500 张不同的课程表，学生完全可以按照自己的实际水平，选择适合自己的科目与教师去听课。"这种灵活的组织方式，同样培养出了大批人才。

读《美国教育掠影》一文，我的学生们对美国有的中学选修课竟达到几十门乃至 100 多门感到不可思议。他们说："我们刚刚讲一点课外知识，个别人就认为冲击了考试科目，这样理解学生的学习实在太狭隘了。

介绍最多的还是前苏联教育。我给学生讲凯洛夫主张的"三中心"，也讲参加过凯洛夫教育学编写的赞可夫关于最近发展区的见解，讲巴班斯基课程最优化理论，也讲苏霍姆林斯基的教育理论与实践。

学生同我一样，对苏霍姆林斯基最感兴趣，有的学生建议："老师，我们也像帕夫雷什中学一样，半天半天地搞课外活动，怎么样?"我说："我们介绍这些的目的，是让大家理解，教育不是自古华山一条路，而是条条大路通罗马。我们刚搞了这么点课外活动，许多人就不理解，如果再照抄搬国外经验，在社会上片面追求升学率的环境中，我们就更难生存了。同学们能用了解到的先进教育经验为我们搞的这点课外活动辩护就不错了。"

学生们通过与同龄人学习生活的比较，通过不同国家教育目标、教育内容、教育方法的比较，能找到既科学又比较适用于自己的方法，能更全面地认识和理解教育。通过比较，学生们也比较乐于接受我所提出来的培养自我教育能力、提高学生管理班级能力的做法，认识到这不是老师独出心裁，而是符合世界教育改革大趋势的做法。

案例反思

苏霍姆林斯基说："我们这行职业和劳动工艺的精神基础和哲学基础就是这样：为了在学生眼前点燃一个知识的火花，教师本身一刻也不能脱离那永远发光的知识和人类智慧的太阳。"要精通儿童心理，必须精通教育科学；要精通教育科学，必须精通事物的一般法则和原理。教师只有具备广博的阅读面、合理的知识结构和良好的文化底蕴，才有可能正确理解与应用学校教育科学，包括自己所教的学科。同时只有当教师的知识储备到了一定阶段，达到融会贯通的境界再来教学生时，学生才会感到学问无处不在。教师不仅要使自己成为研究型教师，而且还要使学生成为研究型学习者。

第二章

班级管理篇

1. 安排座位的艺术

大凡班主任都有这样的体会：排座位难！对于排座位，学生敏感、家长在意、老师烦心。

怎样安排座位，才能既有利于每一个学生的成长，又有利于班级整体的管理？这是摆在我们每一个班主任面前的一个难题。安排座位看似小事，但如果处理好了会给我们的管理带来方便，如果处理不好会给我们的工作带来很多麻烦。

调整座位是我的治班法宝。在我看来，调整座位是一件技术性很强的工作。每次在班上大规模调整座位之后，班级的纪律肯定会有所改观。所以我在调整座位上动了很多心思。

有的班主任为了管理方便，往往把自我约束力差的双差生放到班级最后面的角落或放在老师的眼皮底下。结果，那些双差生索性破罐子破摔，或对自己放任自流，或和老师对着干，最后让我们的管理和教育难上加难。

我安排座位的原则：

1. 让学习成绩接近的男女生坐同桌。

让异性坐同桌是为了给每个孩子提供一个了解和认识异性的机会，减少青春期异性之间的神秘感，而且异性同桌的课堂纪律肯定好于同性同桌（异性之间的话题毕竟少于同性之间）。学习成绩接近是为了便于讨论学习上的问题和提高竞争意识。

2. 前后桌学生的学习成绩成阶梯排列。

让一个好学生来帮助比自己略差的同学提高学习成绩，这是更现实、更省力的办法。我们都明白和比自己略差或略好的对手一起打球进步是最快了，而且会产生你追我赶的紧迫感。

3. 座位每周进行前后大循环和左右大循环。

前后循环是为了体现民主和平等，让每个人都体验到在第一位、第二位……最后一位的感受。避免家长和学生在座位的前后问题上找麻烦。学生的个头高矮、视力好坏我是这样解决的：让近视的同学佩戴近视镜，让高个同学把凳子的腿变短，让矮个子同学把凳子腿变长。

左右交换是尽量减少固定不变的左邻右舍，有利于纪律管理，还有利于保护学生的视力。

这样的循环让最差的学生和最好的学生也有了前后相邻的机会，给那些差生提供了向最优秀的学生学习的机会，对他们有一定的触动作用。

4. 每学期进行一次座位的全新调整。

因为一学期下来，学生的学习成绩的先后会有所改变，而且同桌、前后桌的同学也都比较熟悉了，这时彼此的话题也多了，感情也深了，容易出现帮派团体，同桌或前后桌之间还容易产生男女之情。这个时候是该拆散他们的时候了，尤其对有上诉倾向的更要在安排新座位时特别注意。尤其是发现有男女之情的，方法是把彼此座位的周围安排上更优秀的异性。这样孩子的兴趣会很快转移，刚萌发的感情很快就淡化了。这种妙法屡试屡成。

这样的座位安排，有利于课堂纪律的管理，方便了学生间的互帮互助，增强了学习中的竞争意识，减少了早恋现象。

案例反思

安排座位不是一件小事，对形成良好的班级氛围会起到事半功倍的作用，认真负责的班主任不会随便处置，而是细心安排，寻找出"安排座位的艺术"。

教育的艺术就蕴藏在我们平时看似简单的一些工作中。如果我们班主任能在日常工作中的一些小环节上动动脑筋、下点功夫，就会有意想不到的收获。教育无小事，处处见匠心！

2. 写评语的艺术

一到期末，班主任就忙得快透不过气来，不要说是考试、阅卷、排名、召开家长会……光一个学生评语就得让你绞尽脑汁。

谁叫班主任肩负着教书育人的重任呢！有道是：班级无小事，事事都育人。你可别不拿写学生评语当回事，它可是关乎教育的成败。好的评语能开启学生的心扉，激发学生的心志，使之早日成才。不恰当的评语能让学生就此一蹶不振。

于无声处响惊雷

每当期末来临，我都要花费近一个月的空闲时间潜心做学生的评语工作。首先，确立宗旨：让每一条评语都突出学生的闪光点，具有启迪性、激励性、言辞恳切、感情真挚。然后对每一位学生逐一分析，据其学习成绩、性格爱好、道德品质等分别待之。评语不拘形式，语句有长有短，语气或叹或劝，语意有褒有赞，留给学生的应是会意、愉悦、惊喜和沉思。

那些学习成绩非常优秀又愿助人为乐的，就用"德才兼备，佩服，佩服！"或"德艺双馨，向你致敬！"

那些学习成绩非常突出，但不愿助人的，就用"成绩优秀，令人羡慕，如能更多地帮助他人，我会为你竖起大拇指！"

那些成绩不太突出，而品德优秀的，就用"假如你的学习成绩像你的品德一样的优秀，我将为你而骄傲。来，我们一起加油！"那些成绩一般，甚至很差，但有自己的兴趣爱好、特长的，就用"你的字真漂亮，能不能把你的学习搞得也漂亮些，请给我一个惊喜！""你的球技好棒，正因为有你，我们的班级生活才丰富多彩。其他方面可不要甘拜下风啊！"那些性格活泼型的，就用"思维敏捷，活泼可爱，你会成为才思敏捷、非常优秀的人，没有不可能，只要肯努力。"

那些好打架斗殴，经常违纪违规的，则劝之"人非圣贤，孰能无过，知过能改，善莫大焉，你能行！"

经过一番苦心经营，学生跟自己走得更近了，心贴得更紧了，感情更深了，学生学习的兴趣更浓了，劲头更大了，目标更远了。我由此深深感触到：于无声处响惊雷，情于切处动人心。

自己评价自己

以前都是自己绞尽脑汁给学生写评语，写得很辛苦，有时候还感觉思路枯竭，无从下笔，特别是那些"中等生"，很难写出客观到位的评语，总觉得有些泛泛而谈。今年，我要改变方法，让学生参与到写评语中来。

在班会课上，我发给每个学生一张白纸，先让他们写下自己的若干条优点和缺点，再在小组内交流并相互补充，最后有余力的同学可以仿照老师的口吻，给自己写一则评语。

说实话，我让孩子们参与写评语除了能使学生评语写得更为客观真实外，私下里还有为自己有话可写暗暗做准备。放学后，我让班长把学生们的评语收上来。当我看到学生们的评语时，我被震撼了、感动了。

不少学生自己写的综合评语，俨然是老师在给学生写的评语，他们不仅比较全面地写出自己的优点和不足，而且句句透露出一个只有"为人师者"才有的情怀！

有些学生虽然没有写自己的综合评语，但都极认真地列举了自己的许多优点。我想，能找出自己优点的孩子，一定是自信的孩子。一个人的成长路上有自信相伴，他的人生之路一定会充满希望和快乐。

同桌互评

这个期末，我打算让同桌互评，老师充当倾听者、建议者、评论者。

我先把这个想法告诉了学生，然后在某节课上让学生写50字左右的同桌评价——同桌的你。并提出要求：公正、真实、幽默、凝练，在10分钟内完成。我欣喜地看到，就连几个平时写作能力很差的学生也都按时交来了对同桌的评语，且语句通顺，评价准确，不足处是偶有错别字。而绝大多数学生则注意到了写评语的各项要求，对自己朝夕相处的同桌，或从侧面评价入手，以小见大，或从整体进行褒贬，直抒胸臆，颇具才情。

　　"同桌的你"这项评价活动除了锻炼了学生的语言表达能力外，还有三点思想素养教育的好处：一是从小培养孩子的民主参与意识。班级事务不是班主任老师一人的"一言堂"，班级是我们大家的，我不管谁来管；二是使学生真正去体验先贤"直道而行"的人生教诲，在是非面前不随风转舵，坚持原则，学做耿直、刚毅、充满正气之士；三是培养学生具有虚怀若谷的胸襟，让他们正确对待别人的批评，不是一听不顺耳的话就暴跳如雷或耿耿于怀，宽容是自由的人性保障，有了宽容，才有社会的欣欣向荣。

案例反思

　　写评语这看似极普通的工作，却蕴藏着无限的教育契机和可贵的教育价值。著名德育特级教师张万祥老师认为：评语不是简单的文字堆砌，不是用套话涂抹出的总结，而应该是以心灵为纸、以情感为墨、以爱心为笔而抒写的心灵名片。我们要把撰写评语看作是为学生生命成长奠基的组成部分，是班主任教育生命发出耀眼光辉的一环。

　　如何撰写学生评语，不同的老师有不同的做法。

　　有的老师自己写评语，但力求让每个学生都感动；有的老师以评语为载体，组织学生开展互写评语的活动；有的老师让学生自己给自己写评语；还有的老师将自评、互评、教师点评三者结合，给学生形式多样的评语。

3. 半个馒头与千字反思材料

素质教育的班级管理观强调学生的全面参与、民主自律。班主任不是"管家婆",不能事无巨细、事必躬亲。班主任工作是个累人、烦人的苦差使,大事小事都要抓。有没有更好的方法与策略,让班主任能尽量摆脱琐碎的班级事务,将主要精力用到教学育人上来呢?回答应该是肯定的,我也曾经有过这方面的类似经验。

"老师,近来班里有些同学将早餐吃不完的馒头乱丢乱扔,极大地损坏了我们的班级声誉,您看该怎么办?"生活委员向我大倒苦水。

"怎么办?把问题交给全班同学研究解决吧。"我决定按照惯例,将这难踢的"皮球"踢给学生们自己。

中午休息时间,我找来班委成员,大家民主商定了问题的解决办法。

自习课上,班长走上讲台,在黑板上板书了如下一副对联:

一粥一饭,当思来之不易;半丝半缕,恒念物力维艰。

看着台下惊讶的同学们,班长打开了话匣子:"'俭,德之共也;侈,恶之大也','由俭入奢易,由奢入俭难'。节俭,是中华民族的传统美德。可近来我们班有些同学却忘记了这些古训,吃不完的馒头随手丢弃,面对这种'少爷小姐们'的做法,大家说该怎么办?"

"处罚是必然的。老规旧例,还是把问题交由专门的'责任人'负责监管处理比较好。"大家一致认为。我们的班规中有一项针对此类问题的专门解决办法:确定一位同学具体负责检查落实问题的解决情况,大家管这位同学叫"责任人"。

由谁负责监管执行呢?"权力欲"极强的学生们展开了激烈角逐,一时谁也不肯轻易让步。"谁有这方面的'优势'就由谁出任'责任人'。"班长提出的这一解决办法马上得到了大家的支持。所谓"优势"也就是平时乱丢乱扔馒头表现最突出者。经过大家一致评选审定，最后，这一"美差"由班级"富家子弟"王物担任。摆明了，这是大家变着法子在整人。不过，王物既然接领了这宗差使，他自会想尽办法保全自己的面子的。

"感谢大家的信任和厚爱。如果发现有同学乱丢乱扔该怎么处罚呢？"王物说出了心中的疑问。

经过班级同学集体商定，处罚方案很快就出来了：抓获乱丢馒头者，责令其从地上捡起来，洗干净，然后一口吞下去，并按半个馒头罚写一千字反思材料进行累加。

"好，好，就这么办。"众人群情激奋，好像处罚绝不会轮到自己一般。

"都是同班同学，用得着如此落井下石吗？处罚只是形式，更重要的是要让人心服口服。"有女生显然对这一处罚决定不满意了，个别男生也有同感。说句实在话，无论是谁，保不准什么时候胃口欠佳，偷偷地将馒头随手丢弃也在所难免。但此刻箭在弦上，已不得不发。关键时刻，我走出幕后。

"给大家讲一则小故事吧。"我含笑制止了台下的混乱。

"灵佑禅师的弟子石霜楚圆正在筛米，被灵佑看见了，说：'这是施主的东西，不要抛撒了。''我并没有抛撒。'石霜语气坚定地回答。灵佑从地上捡起一粒米，说：'你说没有抛撒，那这是什么？'石霜无言以对。'你不要小看了这一粒米，百千粒米都是从这一粒米生长出来的。'灵佑语重心长地说。"

"对一粒米的轻忽，可能生出对千百粒米的轻忽。而对一粒米的珍惜，可以开拓出一亩福田。馒头是庄稼人汗水的结晶，轻忽一块小小的馒头，也可能生出对别人劳动果实的轻忽，这无疑是对别人劳动价值的蔑视。'俭则约，约则百善俱兴；侈则肆，肆则百恶俱纵'。"我一说完，众人陷入了沉思……

第二天，王物走马上任。为了获取同学们的支持，这家伙果然痛改前非。其他有相似"爱好"者，也不敢越雷池半步。一连几天，王物总抓不到"出头鸟"，看来这完全得力于过硬的措施，同学们也慢慢松懈下来。

第五天头上，王物终于抓住了机会。本班女生小芳的馒头吃不完了，出于习惯，她随手将剩余的半块馒头丢弃在地。"哈哈，我还以为我这个'责任人'是用来吃素的，不想你撞到我的手里。"王物得意洋洋，"捡起来。"是不容拒绝的语气。"哎，我怎么忘了？"小芳后悔不迭。"还记得班规吗？""这个……"小芳一迟疑，吞吞吐吐地回答，"记不大清了。""记不清可以找法律顾问（本班负责掌管记录全部班纪班规的同学）。"

法律顾问刘星打开《班纪班规》，查到生活部分关于乱丢乱扔食物的细目，上面清清楚楚地记载着："乱丢乱扔馒头的，责令当事人将未完全弄脏的馒头洗净一口吞下，第一次罚写反思材料一千字。""我真倒霉，下次绝不再成为法律条文的牺牲品。"小芳欲哭无泪。"先反思反思再说吧。"王物得意非凡，其他同学也暗下决心。

自此，有关半个馒头与千字反思材料的笑话在班级流传开来。开始王物还偶有斩获，可时至今日，他基本上成了班级的一个摆设，因为他已经失业很长时间了。

案例反思

将班主任从琐碎而繁杂的班级日常管理中解脱出来，淡化班主任的权威角色，将班级管理变成培养学生自我管理能力的平台，实现班级学生的民主自律，是素质教育形式下，班主任工作的新思路。

构建民主自律班级，班主任必须摒弃传统的"师道尊严"观念，营造民主氛围，建立起新型的师生关系，使每一个学生都能自觉参与到班级管理中来。

实现班级的民主自律，要求班主任把原本应该属于学生的那部分权力还给学生自己。苏霍姆林斯基说过："教师只应准备好建筑材料——砖瓦、钢筋、泥浆等等，而房子得由学生自己去造。"班级日常管理，班主任只需担当幕后指导者与策划者的角色就足够了。

班级的民主自律要求班级必须有切合实际而又完善得体的"法律法规"。班规的制定，必须由学生充当"立法者"角色，同时还要体现公平公正的原则。这样学生自然就能勇于接受班规的约束与监督了。

实现班级的民主自律，必须完善班规的执行与监督机制。可采用学生自检、互检、班干部检查、班集体检查、班主任抽查等形式，保证班规的顺利运行。

实现班级的民主自律还要求班主任建立完善的信息反馈系统，对执行过一段时间的班规进行总结、评议，对不合理的进行修改，对不完善的加以补充。

4. "泥金刚"变"铁金刚"

刚接班，就听到同学反映，我们班里有四位"女将"，人称"四大金刚"。这不仅因为她们个个都是班里的"头"，分别是中队主席、语数外三门主课的课代表，而且她们四个人"亲密无间"。我问同学们为什么不向她们提意见，几位同学瞪大了眼睛说，她们手中掌握着"大权"，谁提意见就没好日子过。我简直无法相信这个事实。疑惑，成了强大的动力，促使我对她们的表现进行细心的观察。

一天、两天，一周、两周……时间在不断地流逝，我对她们的情况也有了比较详尽的了解。事实证明，同学们的反映基本上是客观的。"四大金刚"确有长处：对班里工作敢管、敢抓，大胆泼辣、做事果断、有点子；但是她们也确实有许多弱点：圈子太小，以身作则不够，听不得不同意见。尤其是语文课代表，外语默写常常不能及时完成，全靠其他三个人在早读课上"帮"她过关。我感到，她们虽然都是班干部，但实际上又是一个有威无信的非正式群体。

怎么解决这一问题？全盘否定，不行！因为她们在班级管理中做了不少工作，发挥着重要的作用；全盘肯定，当然也不行，因为她们在工作中又确实夹进了许多私心。我思索了许久，感到唯一的办法是对这一特殊的非正式群体加以优化，使之成为班集体的真正核心。

根据这一思考，我针对这一问题连砍了三斧头。

第一斧，抓住默写作弊的事实在班里公开批评了她们。

第二斧，另派一名同学协助语文课代表工作。

第三斧，分别找这四位同学谈话，肯定她们的成绩，说明批评她们的原因，指出搞小圈子的危害。

三斧头在班里引起了很大的震动。大部分同学说，先抓班干部的风气抓得对，这样我们心服口服。也有一部分同学在那里猜测，说"四大金刚"要被撤职了。"四大金刚"的心理压力当然很大，有点威信扫地的感觉。

趁着大家都在思考这一问题的时机，我对四位同学逐一进行了家访。一进家门，她们的反应都很紧张，以为老师来告状了。然而，我在整个家访过程中只做了两件事。一是在她们的家长面前称赞她们的能力；二是征求她们对班里工作的意见，请她们谈谈怎样发展同学间的友谊，怎样建设好我们这个班集体。看着老师真诚的目光，她们绷紧的脸松弛了下来，阻塞的思绪像闸门一样被打开。她们不但积极提建议，而且对自身建设也提出了许多改进措施。

从此，她们的心胸开阔了许多。自我批评使她们巩固了友谊，增强了带领全班前进的自觉性。在此基础上，她们还组织了一次关于搞好班级人际关系的主题班会，我也趁这个机会向同学们介绍了处理班级人际关系应当遵循的一些原则和基本方法。班里原有的一些小群体都开始了扩大友谊圈子的活动，与班集体的目标靠得更紧了。

一个团结向上、充满活力的班集体逐渐形成了，成功的喜讯也不断传来。不少同学在市、区、校的各项竞赛中获奖；10名同学光荣地加入了共青团；三十几位同学获得了班级组织的象征成功的"金苹果"奖……"四大金刚"中，一位成了区优秀队干部，两位加入了共青团，4名同学都以她们的优异成绩，获得"金苹果秘密行动"友谊群体特别奖。同学们都高兴地说，现在他们的"四大金刚"不再是泥金刚，而是铁金刚了。

案例反思

"四大金刚"都是班干部，处理起来似乎更棘手。唯一的办法只有"优化"加"软化"，既给她们"震动"，先来点"硬"的，又要充分保护她们，让她们继续发挥班干部的作用。所以，狠狠的"三斧头"之后，还得好好地安抚一下：一是在家长面前称赞她们的能力，二是征求她们搞好工作和发展友谊的意见。结果不仅"四大金刚"

"化害为宝"，而且"班里原有的一些小群体都开始了扩大友谊圈子的活动，与班集体的目标靠得更紧了"。看来效果是明显的。

　　这个故事，也让我们有机会再次关注另一个班级管理课题，即班干部的培养、管理与使用。故事中的老师，对个个都是班里的"头"的"四大金刚"的态度，也正好符合对学生干部的培养、管理与使用原则：充分信任，放手使用，严格要求与具体指导。

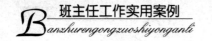

5. 做最轻松的班主任

有人说，在学校里如果想知道哪个老师是做班主任的，就去观察他们的脸色和神情，那些看起来神色疲惫的人就是班主任。是啊！班主任是天底下最小的"主任"，是学校里最忙的"主任"，又是学生毕业很久后仍旧记得的"主任"。班主任的官虽小，却可能影响学生的一生。你的品德、管理能力、知识储备等都直接或者间接地影响你的学生。一切为了孩子，为了孩子的一切，我们的班主任真是万千重担压于一身啊！

但我对做班主任却乐此不疲，因为我立志做一个天底下最轻松的班主任。

我和我的孩子们在一起已经有两年多的时间了。除了关心他们的学习，我很少再去为他们操心。要打扫卫生了，我只要通知一下卫生委员；要文艺演出了，我只要帮文艺委员解决一下他解决不了的问题；班级的纪律、日常的安排有班长负责……我这个班主任当得实在是省心。

不过，曾几何时，我并非如此轻松。

"老师，威和成在教室里打架，把玻璃黑板踢坏了！"

"老师，杰不肯擦门窗，喊也喊不动！"

"老师，乐在抄作业！"

我这当班主任的，就像消防队员。这边有火往这边冲，那边发现火情又冲向那边。忙得晕头转向不说，还解决不了根本问题。

一次偶然的机会，我细研读了魏书生老师的《班主任工作漫谈》一书，深受启发，我的管理的灵感突然就来了。魏书生老师长达几个月不在学校，可他带的两个班的学生照样把班级管理得井井有条，学习成绩也照样优秀。"相信学生，培养他们的良好习惯；充分信任班干部，让学生养成自己管理自己的好习惯"。对！我何不也试试看呢？要做一个轻松的班主任，首先就要管好用好自己的班干部。我班的班干部选拔经历了以下几个阶段：

第一个阶段：任命制

特点：班主任根据学习成绩和初步印象直接指定。

时间：初一开学初的第一个月。

第二个阶段：竞选制

特点：顾名思义，经历报名—参选—投票—任命四个阶段。

时间：初一随后的两个月时间。

第三个阶段：双班委制

特点：通过投票选举产生的两套班干部队伍，分别按照单双周管理班级，一月评比一次。班长是主要负责人。

时间：初一初二的大多数时期。

第四个阶段：班干部虚名制

特点：原来的班干部不再进行选举，只是形式上的任命，并不具有原来的大多数职能。改变了少数人管理多数人的情况。班上的事情，人人参与，人人管理，每一个人都是班级的主人，都负责任。

时间：初二第二学期开始到现在。

四种管理方式，第一种是迫不得已而为之。随后进行的竞选制，是在大家都有一定认识和了解的基础上用民主选举的方式产生，这样选出的干部，能代表大多数人的意愿，但并不是所有干部都有能力为班级做好服务工作。双班委制富有开创精神，在班干部群体里引入了竞争的机制，管理效果很好，但是因为有些班干部工作太投入而影响了自己的学习成绩。目前的虚名制，其实质就是废除了班干部队伍。这是在全班学生都能有良好的学习习惯和自己管理自己的能力的基础上实行的最新的班级管理方式。对于没有良好纪律基础的班级，这样的管理模式只会造就乱班，反而给班主任工作带来被动的局面。因为人人都可以直接管理班级，所以每一个人的管理职责实质性变轻了，可以用更多的时间来搞好自己的学习。另外，让学生彻底地自己管理自己，也是尊重学生的表现，学生的参与热情很高，效果也很好。

现在，我这个班主任可真是轻松而自如。

班级管理的三个境界是：初级，学生听你的号令行事；中级，学生听你的学生干部行事；高级，学生听自己心的召唤行事。李镇西老师在概括新德育的特点时说过这样一句话："他律教育是以教师为中心的教育，而自律教育正是学生主体地位在德育中最好的体现。"回顾案例中的班干部管理的三个阶段，其实正是逐步从他律教育走向自律教育的具体过程。

班主任工作，单单有爱是远远不够的，高尔基说："爱是连母鸡都会的技能。"班主任工作是教育科学的一个组成部分，所以还需要走科学研究之路、不断反思之路。

第三章

德育工作篇

1. 引导学生养成良好的上网习惯

随着全球信息化社会的到来和校园信息技术课的普及，网络邮件、网络聊天、网络游戏、网络电影、校园网页、班级网页等新兴事物应运而生，网络走入了孩子们的学习和生活。网络给孩子们带来了大量的信息、知识和方便，同时也带来了很多危害。很多孩子因不能正确对待网络而耽误了学习、伤害了身体、忽略了亲情，甚至到了不能自拔、堕落犯罪的地步。

今天，如果哪位老师或家长听到孩子上网的消息后，还一味地否定和堵截，那只能拉开你和孩子之间的距离。正确的做法是引导孩子养成良好的上网习惯。

新学期开学不久，就听学生反映班级里有一些学生在暑假期间上网过度，在开学这段时间仍不能把心思放在学习上，还沉迷在网络中，有的学生痴迷于网上聊天，有的学生痴迷于网络游戏，有的痴迷于网络电影等。听到这个消息后，我心里像压了一块沉甸甸的大石头，茶不思饭不想地在想对策。

周四的最后一节晚自习课的最后 10 分钟，我发给每个学生一张事先准备好的小纸条，小纸条上印着下周的班队会将要讨论的题目。

纸条上有 8 个题目：

1. 你上网的目的是什么？

2. 你认为上网有哪些好处？

3. 你知道网络有哪些危害吗？

4. 你能举出因迷恋网络而受到伤害的事例吗？

5. 你知道上网应注意哪些事项吗？你有合理安排上网的方法吗？

6. 如果网络已经影响了你的正常学习和生活，你该怎么办？

7. 如果你身边的同学迷恋上了网络，不能自拔，你该怎么帮助他？

8. 你怎样处理网络与学习和生活的关系？

当每个学生手里都拿到这张小纸条的时候，我说："同等们，我们班下一次的班队会讨论的题目就是大家手里的小纸条上所写的 8 个题目。为了方便大家查找资料和互相沟通，这些问题已被老师贴在了我们班的班级论坛中，大家可以先在网络上讨论一下。下一次班队会我们将以小组为单位进行比赛，我们将按成绩评出第一、第二、第三……第六组，表现优秀的个人将获得奖品，获奖的小组将根据名次先后加小组分。"

"老师，第一名的小组加多少分呀？"最有责任感的组长刚激动地问道。显然他已经迫不及待地想为本组加分了。

"当然是加团体活动的最高分 50 分，第二名 45 分，第三名 40 分……第六名 25 分。"

"哇！"学生们惊叹不已。

"那优秀个人有什么奖品呀？"最好事的诚也忍不住了。

"当然是我们班同学最喜欢的课外读物——"未知世界奥秘探索"系列图书，都是老师多年来收藏的图书，这次为了大家，老师就忍痛割爱了！"

学生们一下沸腾了，在下面议论开了。

我停了几秒钟，挥了挥手，示意他们安静下来。我继续说："同学们，在下一次的班会课上，希望能看到和听到你们精彩的演说、独特的见解，不要让老师失望呦！"

放学后我又把各组组长留下来做了最后的动员和指导，希望他们都能把本组同学的积极性调动起来。

接下来的班队会当然开得非常成功。

会后，我让班长和网络管理员把网络的好处、坏处和怎样合理安排上网的方法等归纳整理到班级的网页中，以便时时提醒上网的同学。班级在上学期刚刚开办了自己的班级网页，但由于班级网页刚刚开办，还不太成熟，对学生们的影响力还不够大。我又让宣传委员出了一期"爱网络，更爱自己"的板报，把班队会的一些精华都收录进去。

为了能让孩子们在家庭中的教育和学校的教育相统一，我还特意召开了题为"怎样正确对待孩子上网"的家长会。

自那以后，我几乎没再为孩子们的上网问题烦恼过，最多就是在班级论坛上偶尔提醒一下学生，或在某个学生偶尔的一次过错后，让他把班级网页中的合理安排上网的方法再温习一下。

著名教育家苏霍姆林斯基说："最好的教育，就是学生进行自我教育。"自我教育，就是学生能自己安排任务，主动采取措施，自觉进行意志转化与行为控制，自觉地把客观要求与影响转化成自己的需要。一个优秀的班主任应该学会引导学生进行自我教育。

班主任给学生事先布置班队会讨论的题目，并以奖励的形式激发他们主动参与的意识，就是想引导学生主动判断自己行为是否正确，主动寻找解决问题的方法，最终达到学生自我教育的目的。

在教育中，班主任还应留下教育的痕迹，如保留班队会的笔记、班级网页中相关内容的总结、相关内容的班级板报，如果有条件甚至留下录像、照片等，以备以后查找、对比、总结，甚至作为以后教育学生的有力凭证。

2. 劳动，可以如此美丽

下午照例又要进行全校性大扫除。中午在校吃完饭后，我踱到班上，看着脏兮兮的走廊和教室，不禁皱起了眉头。得先把走廊擦干净，下午把桌子搬到走廊上，然后才能彻底打扫教室。正寻思着，一抬头看见班上几个在校用餐的男生正在走廊上追逐打闹，我灵机一动，试探性地问："和老师一起把走廊擦干净，行吗？"听了我温柔的命令，几个男生尽管不太情愿，还是拿起劳动工具，和我一道干了起来。

在我的带动下，大家先在地面上洒了些水，继而倒了点洗衣粉，便开始拿出板刷、清洁球之类的工具擦起来。虽说是水磨地面，却磨得极为粗糙，因为很难把嵌在凹缝里的污迹擦去。我也半蹲着和孩子们边聊天边吃力地用铁丝球擦拭。这时，小胖子孙浩叫起来："老师，我家洗浴缸的塑料刷子最管用，轻轻一擦，污迹去无踪。""真这么神奇？"孩子们纷纷围上来，要拿手里的铁丝球跟他换。我笑着说："没想到工具也大有讲究，只有擦了才知道哪样工具最好使，这就叫劳动出真知。"孙浩则洋洋得意，带着他的塑料刷子干得更起劲了。不用我指挥，他专拣最脏的地方擦，看来他挺能干的，平时还真没看出来！

中午的太阳还挺猛的，我和孩子们脱去外衣，依旧边擦边拖。这时孙浩给我两个橘子，我轻轻剥开它，塞进孩子们嘴里，多出的两瓣给了翟正，这孩子平时父母极少关心他。孩子们一改往日动嘴不动手的习惯，地面渐渐白了，亮了，露出了浅蓝、淡绿相杂的水磨花纹来。"哦，终于干净了！"我长长吁了一口气。一直跟在我们后面拖地的吕品向我们建议："擦干净之后再用水冲一冲，就会更加干净了。""行！"吕品急急打来一盆水，倒在地面上。"呀，真的一尘不染！""哈哈，干了之后可以在这儿午睡了。"孩子们兴奋地欣赏着自己的劳动成果。

"快来看呀，多奇妙的景观！"教室里的女生惊叫起来，指着天花板让我们看。可不，洁白无瑕的天花板竟成了一方池面，那漾着的一圈圈涟漪，映着阳光发出迷离的光点，明晃晃地耀人眼。"为什么会这样呢？"惊奇的学生很快找到了答案，连声嚷着："是我们的走廊太干净了，刚才吕品把水倒上去，太阳光透过玻璃把水折射到天花板上。"我微笑着点点头。"哈哈，我们生活在水晶宫里。""看呀，水面一动一动的，似乎鱼钩触到了水面。""我们可以来垂钓了。"……

案例反思

　　一次偶然的劳动，学生一个不经意的建议，竟使劳动一下子充满乐趣、充满诱惑起来，竟让我们干燥、麻木的心一下子湿润、诗意起来。由此我们想到另外一位中学教师的案例。他发现班上有些同学轻视平凡劳动，他虽然在班会上讲了许多平凡劳动的意义和重要性，但学生听后却不以为然。于是，这位老师在一个星期天的早晨，组织学生到郊外去搞野炊，要求学生清晨四点集合。不少学生以为组织看日出，所以在晨曦来临之前，都冒着初冬的寒气赶到了。集合时，只见天上繁星未隐，地上浓霜雪白，街旁的路灯还亮着，整个城市还在酣睡之中。就在这寒气袭人的黎明之前，几十位清洁工人却已经在认真地打扫街道了，纸屑、果皮、落叶等垃圾被一一清除了，林阴大道上露出了清洁的面容。当东方泛起了鱼肚白，一轮红日喷薄而出的时候，整个天地宁静而美丽，清洁工人的剪影使学生们陶醉了。活动结束后，一位原先轻视平凡劳动的学生，在日记里深情地写道："这条大街我不知走过多少次，可是从没有感到它像今天这么美，它简直美得像首诗，而这诗的作者就是我平时瞧不起的清洁工人。清洁工人把我们的生活装点得如此美好。"

　　劳动是一门学问，也是一门课程，劳动中可以让德育溶注，让智育充盈，让美育流溢。劳动课程的资源也需要我们去创造与开发。

3. 保护一个鸡蛋

有一段时间，我班的学生普遍有点"眼高手低"，办一件事，说得头头是道，但做得却不怎样。为此，我想了一个启发教育他们的方法。一天快放学的时候，我对同学们说："今天给你们布置一个特殊的作业。明天早晨，每个人都从家里带来一个鸡蛋，这一天里你要保护好它，放学以后再把它带回家去。"大家听了觉得很纳闷，都用疑惑的眼神看着我。一个同学说："这还不容易吗？"大家附和着。"这确实是一件很容易的事，希望你们都做得很好。"我说。

第二天一大早，就有人在教室里显示自己的那个鸡蛋，大家正说着自己的鸡蛋如何如何，只见提着一个塑料袋进入教室的男生，塑料袋里的那个鸡蛋已经成了"蛋汤"。他懊恼地叫着："都快下车了，让一个叔叔的屁股给挤碎了。"听到的人多少有点幸灾乐祸。话音刚落，"啪"的一声，又一个鸡蛋掉到地上。原来，一位女生怕别人碰坏了自己的鸡蛋，下课的时候把鸡蛋放在裤兜里，结果坐下的时候还是不小心弄掉了。上语文课的时候，大家都听到"啊呀"一声，不用问，又有一个鸡蛋破了。

到了下午放学的时候，有一大半人的鸡蛋破了。我询问了情况后说："能说一说这一天里你们的体会吗？"有的说，我的鸡蛋虽然没有碎，但我的心情很紧张；有的说，那么小心可鸡蛋还是碎了；还有的说，看着简单的事做起来是很难的呀！保护一个鸡蛋多不容易啊！"是啊！"我告诉同学们："不管你们是否保护好了手里的鸡蛋，你们都有了很深的体会。请记住，一件看起来简单的事，做起来却很不容易。"

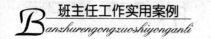

案例反思

　　如何端正学生的学习态度、解决学风不良的弊病呢？这是很多老师面临的棘手问题。案例中的老师没有正面地讲一套大道理，而是采用一种亲身体验的自我教育方式，让学生带一个鸡蛋上学上课，并当作一项作业，让学生有兴趣、有压力。在一天的体验中，无论是成功还是失败的学生，都深刻地体验到：学习像保护一个鸡蛋一样，看起来简单，做起来却不容易，从而收到了奇特的学习指导功效。好一个聪明的老师！他使用"捉迷藏"的教育策略启迪学生自觉，并且成功了！这真是一种"天才"的育人智慧。

4. 赏识是心灵沟通的桥梁

美国心理学家威廉·詹姆斯说过："人性最深刻的原则就是希望别人对自己加以赏识。"对学生的赏识和激励是班主任心底流淌的温情，它如春风般和煦，如夏阴般宜人，它能巧妙实现师生的情感对接。

那天，要不是杨妈妈来校打探实情，我做梦都不会想到，一个老师眼中的优等生，父母心中的乖乖崽，竟然也有如此见不得阳光的"劣迹"。

"刘老师吗？我是杨过的母亲，想向你打探一件事情。"杨妈妈说出了心中的疑问："本学期你们班收费是不是很频繁，隔三差五收个十元八元的？"收费是义务教育学校最为敏感的一根神经，上面三令五申不准教师向学生及学生家长伸手，国家的相关政策法规我还是懂的，不要说我们班级，就是我们学校本学期来还从未向学生家长伸过手，我如实说明了情况。"不是说这个星期一要收十元钱的报纸杂志费吗？"杨妈妈说得有板有眼。

原来，杨妈妈夫妻俩在镇上开了一家裁缝店，平日生意繁忙，鲜有时间顾及孩子的学习情况，不过小家伙还算听话，从小学到初中，成绩一直不错，孩子要个零花钱什么的，夫妻俩从不含糊，更不用说学校收点费了。可本学期以来，孩子要钱要得格外勤。问他，他总说学校又要收某种杂费。时间长了，夫妻俩心底嘀咕开了："就是收费吧，也不可能收得这么勤呀。"这才跑到学校来问个究竟。

这孩子，拿这么多的钱到底干什么去了呢？带着疑问，我细细向班级学生了解情况，并与杨过进行了交谈，问题马上水落石出了。原来，在杨过上学的路上有几家网吧，网吧里总挤满了人。尤其是节假日，一堆堆的中小学生总爱到网吧冲浪。起初，老实憨厚的杨过只是站在一旁看别人玩，时间长了，也不免手痒，手一痒要收手可就难了，自然是越陷越深，一发不可收拾了。

教育者的责任与良心提醒我，我不能眼看着一朵灿烂的迎春花因为痴迷于上网而变成一枝让人厌恶的罂粟。

我深入分析了一个品学皆优的学生渐渐沦为"网虫"的深层次原因。

首先是网络本身的原因。精彩新奇的网络世界原本对孩子就极有吸引力。各种各样新奇有趣的网络游戏、虚拟空间网友的真情对白与交流……远比课堂上老师枯燥单调的说教有趣得多。其次是杨过自身的原因。杨过性格内向，难得跟同学交流，而虚拟的网络世界正好为孩子营造了一个充满梦幻色彩的童话世界，满足了孩子内心的需求，使他在虚拟的世界里寻到了几丝心灵的慰藉，一旦沉迷其中，便难以自拔。再次是青春发育期易形成叛逆心理的原因。老师、父母视网络为洪水猛兽，深恐孩子沾染了这一不良习气。越是约束、压抑，孩子越觉得新奇有趣。于是假借学校收费之名行欺骗家长与老师之实也就不足为怪了。

教育不能一蹴而就，教育需要耐心与机智。刚发现杨过的小秘密的那两天，我故意没有找他谈心，因为那样做会让他从心底里排斥我，极易形成与我的对立情绪。第三天，我认为时机已成熟，把他叫进了办公室。也许他自知行迹败露，怯怯地站在我对面，半晌抬不起头来。摆明了他这是做好了迎接狂风暴雨的准备，单等我的训斥。

"今天我是叫你帮忙来了。"他抬起头，不太相信似的看了我一眼。我发觉他原本紧张的神经稍稍松弛了些许。"说明白一点，我是让你给老师当一回'老师'。你知道，我虽然也玩电脑，但顶多是个'三脚猫'，至今连 QQ 号都不知如何申请。闲来无事，老师也想上网聊聊天，结交新朋友，你该不会笑老师愚笨吧？说句实在话，我还挺不好意思向别的老师请教的，我这个人虚荣心挺重的，只好向自己的学生求助了。"他很惊诧，眉宇间露出些许得意的神情。他做梦都想不到，堂堂的班主任老师不仅没有批评他前些日子的放纵，反而要向他求助，于是热情地为我在网络上申请了个 QQ 号。

我极真诚地对他说："你是老师教过的为数不多的极聪明的学生之一，

思维敏捷、接受能力强，只要不分心，用心学习，将来定会有个美好的前途。"拍马屁本不是我的强项，但为了教育好学生，我豁出去了。我一个马屁拍过去，他果然心花怒放，全不见刚进来时畏畏缩缩的模样。"我知道网络对你挺有吸引力的，这不见得一定是坏事。如今是知识经济时代，网络能帮助我们走出狭窄的小天地，更便捷地接受时代最进步的思潮。但网络又是一把双刃剑，一味沉迷其中不能自拔又会毁灭一个人，尤其是缺乏自制力与鉴别力的孩子，因此，如何走进网络可是大有学问的。你认为呢？"

我的一番推心置腹的话语终于赢得了杨过内心的认同。"我误解您了，老师。我保证听从您的教诲，不再偷偷摸摸去上网了。"两行悔悟的泪水尽情地滴落在办公室的水泥地上。这一拍一激效果果然良好。我于是趁热打铁："有一件事老师不好意思向你开口，但在我们班，就数你是电脑方面的行家。喜欢上网的同学在我们班也有那么一群，我知道堵是堵不住的，只能疏。我想在班里成立计算机课外兴趣小组，让无所不能的互联网真正为我们班级服务，我想让你担任小组长，你应该不会让老师失望吧？"他很爽快地接受了我的任命。

往后的日子，杨过果然不负重托，不时为班级的电脑迷们讲解有关的电脑知识，还主动为班级建立了网站，并不时充实新的内容，网站的开通更拉近了我与班级同学的距离，学生们有了疑难与困惑也乐于在班级网站上倾诉，我也能通过网站更便捷地了解学生们的思想动态。一段时间下来，班级的凝聚力更强了，这都得益于我那招赏识激励法。如今，不但杨过本人不再沉迷其中，还带动班级其他"网虫们"也从畸形的"恋网"情结中走了出来。

案例反思

赏识激励要求班主任老师要像在骨头上挑肉一样，戴着放大镜去寻找学生可供赏识之处，对学生的缺点、失误尽可能地给以宽容、谅解。赏识激励更要求班主任老师及时给学生创造一个改正缺点错误的机会，并进而指导学生进行自我反思与体验。因为班主任的赏识激励并不能改变与扭转一切，只有当学生用实践把老师的赏识激励转化为自己真切的体验与感悟，才能清晰地发现自我、正视自我，有效地调控自我，才能使内驱力稳定发展。

5. 70元钱风波

初一刚入学不久，学校里要统一采购校服，我班的生活委员将班级里的校服费拿过来交给我，叫我一数却发现原本47人的班级却只交了46人的钱，还少一人。而负责收钱的生活委员由于刚接手工作，经验不足，没有将已经上交校服费的同学的名单记录下来，生活委员去教室里询问还有谁没交钱，又没有一个人回应。

我首先想到了两个方法：一是发动全班同学投票揭发或利用其他办法找出这个没交钱的人；二是想办法触动那个没交钱同学的内心世界，让他勇敢地承认错误。我又考虑到：就算有学生知道是谁没交，他们也不一定会大胆揭发，到时万一查不出结果，反而会弄得自己下不了台，对今后的管理会非常不利。所以我果断地选择了后者。在班上，面对着同学们要查线索的吵闹声，以及一些准备看热闹的同学。我说："少70元钱的责任主要在老师，是老师当初没吩咐生活委员做好登记，是老师没有尽到责任，这钱应该我赔，就从我的第一个月的班主任工资中扣除70元吧。"同学们都不解地看着我，表情非常复杂。第二天，生活委员拿来了一大袋硬币和纸币，说自己粗心，没有把钱收好，这70元应该她赔。并反复强调已经征求过家长的意见，而且钱不是向家长要的，是她平时积攒下来的零花钱。我心里一阵感动，如果每个学生都能像这个学生该有多好呀！而我又要怎样才能触动那个没交钱孩子的良知呢？当天下午的班会课，我拿着生活委员拿过来的那一袋钱，当着全班同学的面说：

"生活委员平时为大家做事，已经比较辛苦了，不能让她既受累又赔钱，老师第一个月的班主任工资虽然还没有发下来，但是这70元钱我先赔了，快把钱送到总务处去吧，迟了我们的校服就没得穿了！"说完我把一张100元的纸币和那一袋钱拿给了生活委员，还不忘幽默一句：记得找我

30 块呀。这时同学们的表情有些激动，我听到有同学在小声讨论：要不我们每个人捐 1.5 元钱，不要让老师赔钱了。还听到有同学在嘀咕：是谁这么缺德呀，连这 70 块钱也赖！当天晚上晚自修结束后，我发现我的书中夹着三张 20 元和一张 10 元的人民币，原来是那个学生悄悄地把校服费交到我这里来了。至今一个学年也要过去了，但我还不知道这个学生是谁，而且我也觉得再也没有必要追究下去了，这可能会成为一个永远的秘密。但我相信这个学生一辈子都不会忘记这件事。

也有学生曾问过我：如果这个同学不站出来，你不是亏了 70 元吗？我想当初如果通过各种手段把这个同学找出来，令这个同学难堪，造成他一辈子抬不起头来做人，那我亏的就更大了。而且我相信每一个学生都会从真善美与假恶丑的对比中看清自己的行为，从而重新找回自己的。

案例反思

叶圣陶先生说过："教是为了不教。"教育的最高境界应该是自我教育。因为学生的发展要受各种干扰，特别是来自消极因素的阻力，不克服这些阻力就谈不上成长。现代教师的作用，或者说班主任的作用，就是把外在的教育转化成学生对自我的教育。要求教师应该具有寓教育于无形，教育无痕化，才会起到真正的效果。否则学生会产生本能的抗拒。作为教师，在学生犯错误的时候，不要过分指责，更不要一棍子打死，给学生一个机会，就会让自己拥有一片更灿烂的天空。

第四章

师生关系篇

1. 老师的笑是最美的花朵

"花朵把春天的门推开了，绿阴把夏天的门推开了，果实把秋天的门推开了，飞雪把冬天的门推开了，甜甜的微笑把心的门推开了。"教育教学中，老师的微笑是开启学生智慧之门的金钥匙，是融洽师生关系的润滑剂。

三个"泥巴鬼"的故事

想起这件事，至今我还暗暗发笑。

今天的上课气氛不太对头，上课铃声都已经敲过两分钟了，学生们还在低低地窃笑。带着疑问，我扫视了一眼全体学生，发现我们班无端添了三个"泥巴鬼"，全身都是泥巴，连眉眼都叫人无法分辨。唉，这群毛头孩子，短短的课间十分钟竟玩得如此人模鬼样，真叫人哭笑不得。

课后，三人来到了我的办公室。原来，课间休息时，他们几人经常在校园一角玩游戏。今天，不知是谁心血来潮，提议打泥仗，结果是谁也讨不了好，都变成了"泥巴鬼"。上课铃敲响后，他们急着往教室里赶，自然让大家一饱眼福了。虽然我事先做好了严肃处理这一问题的思想准备，但看着眼前孩子们战战兢兢的模样，教育家马卡连柯对此类问题的处理建议浮上了我的心头："要更多地要求一个学生，也要尽可能地尊重一个学生。"对学生的严格要求与对学生的尊重爱护是相互依存、相互促进、相互转化的，没有以爱为基石的严厉，是不可能培养出学生的优良品质的。教师以关爱与尊重为底色的温和的微笑，何尝不是一种无声而亲切的语言，何尝不是一曲动人的音乐？不经意间，一抹淡淡的微笑从我的眼角荡漾开去。几个"泥巴鬼"也长长地舒了一口气，态度自然了许多。我不失时机地启发他们："适当地做做游戏，是开启人类右脑半球的方便窍门，关键是'玩'应该进入更高层次。比如把玩泥巴换成制作各种科技成果模型，把捉迷藏换成做智力迷宫游戏……天真无邪的童心并没有什么错，相反，它却是一个人成才必备的一种重要素质。生物学家达尔文曾因把一只打屁虫咬在嘴里而烧伤了舌头，俄国作家托尔斯泰曾认真地与一只蜥蜴谈过心，俄国短篇小说家契诃夫曾想把日光和帽子一起戴在头上……"在我的引导之下，不久之后，"泥巴鬼们"在班级成立了课外科技兴趣小组，在全县的科模制作比赛上还夺得了一等奖呢！

屁股后的"刘麻子"

谁希望自己的诨号被粘在自己的屁股上，然后带着它招摇过市呢？我就曾被自己的学生如此捉弄过。

语文课上，我正在给学生们讲《水浒传》中《花和尚倒拔垂杨柳》一节。说到激动处，我不由从椅子上站起身来，背对学生，做出拔树的姿势来。课堂上爆发出一阵狂笑，我自认为是自己精彩的讲述与表演的缘故，因而拔得更加起劲。笑声更像逐浪的小舟，节节攀升。我猛然醒悟，这笑声似乎变了味，其中隐含了某种嘲笑的成分。我转过身，用疑惑的目光打量这些"不怀好意"的学生。这时，班长冲上了讲台，从我的身后，确切地说是从我的屁股上撕下了一张纸条，上面清清楚楚地写着"刘麻子"（本人小时得过麻疹，故得此诨号）。一定是哪个调皮的学生事先把涂了胶水的纸条放在椅子上，被我准确无误地坐上去粘住了。我又好气又好笑，想不到我这不雅的诨号这么快就已成为学生们的笑谈。可即便如此，也犯不着当着班级这么多同学的面让我下不了台呀。想把老师当猴耍？"刘麻子"也是你们能叫的？我恨不得马上揪出肇事的学生给他点颜色瞧瞧。

就在我怒火难平之际，一个优秀教师面对此类课堂小插曲的处理建议陡然在我的心底闪现。我自然能够揪出肇事的学生以泄心中之愤，但那样做只能在学生面前彻底暴露自己的狭隘、睚眦必报。不就是一个友好的玩笑吗，作为班主任值得这样较真？与其在学生心目中栽种阴郁沉闷，还不如栽种一抹爽朗的微笑？想到此处，微笑重又回到我的脸上："谢谢本班哪位同学为本人所做的免费广告宣传，使我'刘麻子'三个字在同学们心目中留下了深刻印象。长得丑，不是我们的过错，一个人更应该注重自己后天的道德修养。只有高尚的情操才能震撼人心。我更希望我们班的这位广告天才把心思用到学习上去，长大后成为一位真正的广告人。"同学们对我的潇洒态度及话语报以热烈的掌声。友好的气氛中，我继续讲下一节《花和尚大闹野猪林》……

课后，肇事的小A对我表达了深深的感激与悔悟之情。一切尽在我的意料之中。学生是很容易被感化的，只要我们用对了方式与方法。

心灵若是堆满垃圾，心胸容易狭隘。心灵若是一尘不染，心胸则无限宽广。甜甜的微笑是宽广而善良的心中流露出的最祥和的语言，甜甜的微笑是激越的人生河流中最摄人心魄的那一朵朵浪花。用微笑化解人世间的纷争，滋润愚昧的灵魂，人间将不再有眼泪与仇恨；用微笑去面对别人的愚弄，你将收获理解与真诚。

老师的笑是人间最美的花朵。微笑着看学生，是一种理智的宽容；微笑着看学生，是师生情感沟通的不二法门。

两则案例中，《屁股后的"刘麻子"》一"案"更富于戏剧性。班主任老师兴致勃勃地给学生说书，即兴表演的拔杨柳动作却引起学生喝倒彩。百思不得其解之际，班长给他揭开了谜底：完全是因为飘扬在班主任屁股后写有"刘麻子"字样的小纸条的缘故。面对这种羞辱，任何人都难免发作。可贵的是班主任老师不仅能忍，更能巧妙地以微笑的态度、幽默的语言引起肇事学生深深的反思，赢得全班学生热烈的掌声，确实不简单。教育者宽广的心胸、高尚的职业道德与修养也深深震撼了读者的心。这样的教师正是我们教育界的脊梁。

老师们，请千万别忘了，在你将知识传授给学生的同时，不妨也将你的微笑带给学生吧。这样，你的一个微笑将变成千万个微笑！

2. 蹲下来看学生

蹲下来看学生，就是放下师道尊严的架子，从心理上给学生平等。蹲下来看学生就是不胡乱地给学生扣上"死不悔改"、"不可救药"、"调皮捣蛋"的帽子。蹲下来看学生，就是绝不封杀学生的创造力与想象力，绝不干扰学生刨根究底的探索精神。蹲下来，就是一种态度、一种观念，一种最好的教育方法。

钥匙的魔力

最近班上人心惶惶，不是这个同学丢了笔记本，就是那个同学丢了圆珠笔、橡皮头。有同学偷偷地向我"告密"：这一切可能都是班上的金同学所为，有人曾看见他鬼鬼祟祟地在别人盒子里翻东西。听说他在小学读书时就有这一不良嗜好，如今是变本加厉了。听了学生的反映，我如梦初醒，难怪我常常见他在别人位置上磨蹭，但凡他磨蹭过的位置，总会有学生向我举报丢了东西。问题明摆着，不把这匹"害群之马"揪出来，班上人人自危，永无宁日；但对一个才十三四岁的孩子采取"赶尽杀绝"的手段，使他变成"过街老鼠"，作为教育者良心何安？金无足赤，人无完人。对一个误入歧途的孩子，我又怎忍心落井下石呢？教育又何尝不是一项"惩前毖后，治病救人"的良心工程呢？

时机在等待中悄然来临。

县教委要举行一场冬运会，金同学修长的两腿在学校选秀活动中大出风头。他被选为校运动队成员，每天清晨都得到学校参加晨练。星期一的班会课上，我当着全班同学的面，拿出了教室大门的钥匙，宣布了一条重要决定：将教室大门的钥匙交给金同学来保管。这一决定似乎来得太突然，许多同学都向他投去不信任的目光。我拿着这把钥匙，极为认真地说：

"金同学是校运动队成员，清晨就要赶到学校，由他来保管这把钥匙是再合适不过了。这不仅是一把钥匙，这更是五十二颗沉甸甸的心，上面系着全班同学对金同学的支持和信任。我相信，他一定会出色地完成同学们交给的任务，一定会给大家当好这个'家'的。"金同学激动地接过这把钥匙，哽咽着说："我决不辜负老师的期望和同学们的信任。"班上响起了热烈的掌声。

他果真没有让老师和同学失望，此后，班上再没有同学丢过东西，期末，他还被评为班上的"模范小管家"呢。

她读得真好

孩子毕竟是孩子，哪怕存在某些先天不足，同样拥有极强的表现欲。

班级诗歌朗诵比赛正在如火如荼地进行着。同学们一个个自告奋勇地冲上讲台，拿出自己精心准备了多时的朗读材料登台表演，精彩的朗读不时赢得阵阵掌声。我也不自觉地被学生们的朗读声带入了一幅幅神奇瑰丽的画面中，经历了一次次灵魂深处的洗礼。他们读得太好了，我不由从心底发出真诚的赞叹。

这时，坐在教室前排的王洁（女，因舌头打转，说话结巴，被学生戏称为"王结巴"）也从座位上站起来，冲到讲台上，朗读起她准备了多时的"雨巷诗人"戴望舒的成名作《雨巷》："撑、撑、撑着油纸伞，独、独、独自彷徨在悠、悠、悠长、长的雨、雨、雨巷……"听着这结巴的朗读声，有同学露出了鄙夷的笑，有同学学着她在底下低声地念起了"雨、雨、雨巷……"眼看一场哄堂大笑即将爆发，这不仅将严重地挫伤王洁同学的自尊心，使她以后自认为低人一等，不敢表现自己，更会使这次活动受到严重影响。关键时刻，我带着身边的同学鼓起掌来，掌声停下后，我用无比兴奋而激动的语调说道："王洁同学是个真正的勇士，敢于向自己的缺陷挑战，有了这种精神，生活中，我们还有什么困难不能克服，还有什么样的挫折能让我们萎靡不振？一个人有缺陷并不可怕，可怕的是不敢正视自己的缺陷，从此自暴自弃，怨天尤人。没有什么能击倒你，除了你自己。古希腊著名的演说家德摩斯梯尼年轻时也曾是一个结巴，但他并不因此灰心丧气，为了让舌头不打卷，他每天嘴里含着石子，对着大海练习演说。功夫不负有心人，几年后，他终于成为当时最著名的演说家，很多人以听过他的演说为荣。让我们再次以热烈的掌声对王洁同学的勇敢表示敬佩。"掌声中，王洁眼含泪花，她没有想到，这天的演讲比赛她竟是最大的赢家！

此后，她真的慢慢纠正了自己结巴的毛病，课文朗读水平大有提高。

教育家苏霍姆林斯基说过："每个儿童都有他自己的爱好和长处，有他自己的先天素质和倾向，必须发展这些东西，必须把学生安排在这样的条件下使他们的长处能充分地发挥出来，每个学生都有向他输送优良道德品质的根源，必须爱护这个根源。"教师们，让我们走下"神坛"，蹲下身来，把自己也看作学生中的一员，把你的心交给学生，你将拥有所有学生真心的爱戴。

案例反思

班主任对问题学生的蹲身教化常能创造教育上的奇迹。

一个学生自小染有小偷小摸的恶习，在学生中口碑极差。如果将其见不得光的行为在班上曝光，何异于落井下石，"痛打落水狗"？这样做，一个学生的一生也许就这样完了，从此，他将背上"贼"的恶名，永远成为生活中别人取笑的对象，走完他的悲剧人生。但班主任老师却极富创意地给学生提供改过自新的机会。学生入选校运动队，来校晨练，老师不失时机地将教室的钥匙交给他保管。面对其他学生不太信任的目光，班主任及时指出这把钥匙寄寓的不同寻常的意义。巧妙的方式加上成功的造势，终于收到了意料之中的转化效果，从此，班上再没有同学丢过东西。

我们不得不佩服女生"王结巴"的勇气，明知自己说话结巴，也敢于在众目睽睽之下登台"表演"，使她无异于当场"献丑"，结巴的朗读马上成为学生们讥笑与模仿的对象。紧急关头，班主任及时救场，指出这种勇敢的精神难能可贵，鼓励了她。在以后的生活中，她真的逐渐克服了这一缺陷。

老子在《道德经》一书中说："道可道，非常道。名可名，非常名"，"故常无，欲以观其妙。常有，欲以观其徼"。道之言妙，在乎一心。教育中的"蹲身教化"也同样需要班主任以爱心去体悟。

3. 师无戏言

那时我刚走上工作岗位。早听说老师不好当，现在的孩子个个都是鬼精灵，要想做个好老师，让他们真正喜欢，很不容易。于是我一直很惶恐，也一直在努力。好在我和孩子们处得还不错，他们都把我当朋友，什么话都愿意跟我说。我不免有些得意，觉得做好老师也不过如此。

那天课间休息时，一大群孩子围在一起，正热闹地谈论蝌蚪变青蛙的事情。刚刚上完《小蝌蚪找妈妈》，孩子们对蝌蚪的这种变化非常好奇。知道扬扬家里有正在变化的小蝌蚪，我觉得很有意思，就问："扬扬，是真的吗？"

扬扬连声答道："当然是真的啦！"

"哎呀，老师都没见过小蝌蚪的这种变化呢，什么时候让老师去你家瞧瞧呀？"

扬扬大声地说："老师，你今天就去吧，不然等小蝌蚪完全变成青蛙，可就看不到了。"

"好啊，今天就去！"见我同意了，扬扬很兴奋，一张小脸涨得通红。

下班后有事要忙，晚上回家很晚，刚进门就听母亲说，有个学生打过好几次电话找我，说什么要你去看蝌蚪。我这才想起上午那件随口一说的事情，赶忙打电话到扬扬家。他妈妈告诉我，孩子好不容易被他们劝去睡觉了，又说扬扬一直在等我去看小蝌蚪，可等了一晚，我都没有去。

放下电话，我的心一直沉沉的，仿佛看见他那满脸失望的神情。再想起上午他因为我的允诺而兴奋的样子，心里就更不好受。唉，我这还能算是好老师吗？

听说了事情的原委，母亲说："你要记住，教育无小事，事事皆教育，教师无小节，处处皆楷模，师无戏言哪！"母亲也是教师，退休后一向随和，但她说这话时，非常严肃。看着母亲那郑重其事的样子，我知道该怎样做了。

第二天一上课，我就为自己的失信在班上向扬扬道歉，并且答应他，中午放学后就弥补我的过失——放学时，我一早就在校门口等着，扬扬看见我，赶紧飞奔过来，满脸灿烂的笑容。

我和扬扬手牵手去了他家。我看到了他养在盆里的小蝌蚪：大大的脑袋，黑灰色的身子，两条细细的后腿，还有条小小的尾巴，它们正快活地游来游去。扬扬兴致勃勃地指点着："老师，这条叫灰灰，他身上有很多灰色的花纹。那条叫淘淘，因为他最淘气，老爱欺负别的蝌蚪。这一条是小不点，他最小，也最喜欢我。"

看着扬扬眉飞色舞的样子，我不禁也被感染了，情不自禁地蹲下身。扬扬递给我一根小柳枝，我把柳枝放进水里，轻轻摆动，蝌蚪们立即围上来，绕着柳枝游来游去，像在捉迷藏，惹得扬扬咯咯笑起来。

听见这笑声，我心里不知是幸福还是激动。多么可爱的孩子！看他高兴的样子，不难想象我昨天给他造成的伤害，我为今天的举动感到庆幸！

扬扬也开始逗弄小蝌蚪，它们在水里游得可欢了，特别是那条小不点。而那条叫淘淘的，总是故意游到小不点身边去碰撞它。

"这个坏淘淘，又开始欺负人了。"扬扬不满地说。

我笑着问："扬扬，小不点受到欺负，你说它现在最想找谁呀？"

"找妈妈呗！"扬扬脱口而出。看得出课文给扬扬留的印象很深呢！

我眼里的笑意更浓了："那我们把小蝌蚪送回家吧，和妈妈在一起他们才不会受欺负！"

扬扬歪着头想了半天，然后高兴地同意了。可他要求先把它们带到学校去，让班上的小朋友也看看这种正在变化的小蝌蚪。

"好啊！"我高兴地说，为扬扬的细心感到欣喜。

下午，扬扬把小蝌蚪带到班上，孩子们都争相围观，后来还推选了几个代表和我们同行，去欢送小蝌蚪。扬扬小心地捧着装蝌蚪的玻璃瓶，满脸不舍。我们到了郊外，扬扬轻轻地将小蝌蚪倒进了水田里，还一边念叨着："灰灰、淘淘、小不点，再见了！你们赶快去找妈妈吧，长大了和妈

妈一起捉好多好多的害虫，农民伯伯肯定会喜欢你们的。"

小蝌蚪们在水里摆动了几下尾巴，然后四处游开，很快就不见了。

我站在孩子们身后，轻声说："孩子们，可爱的小蝌蚪一定会记得你们的！"

扬扬转过小脸，笑嘻嘻地说："老师，小蝌蚪更会记得你，是你提醒我该把它们送回家的呢。"

听着这话，看着他开心的样子，我柔柔的心弦被触动着。我想，扬扬应当已经忘记了他昨晚说的那句话，我希望他记住的是今天和他一起送小蝌蚪回家的老师。

孩子总是单纯、可爱的，在他们幼小的心灵里，老师的言行，就是绝对的权威。"亲其师信其道"，孩子们亲近老师，既有学识、外表的原因，也有道德和权力的因素。但我们必须明确：学识只能满足孩子的求知欲，外表只能吸引肤浅的注意，权力只能维系短暂的顺从，只有教师的人格和道德，才能最大限度地影响孩子。我们平时常说"身教重于言教"，其意就是要求别人做到的，首先自己要做到，只有这样才会让人敬服。

孩子的学习是从模仿开始的。在孩子面前，教师就应时时处处拘小节、重小节，从小事做起，于细微处潜移默化地影响孩子。

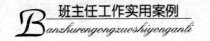

4. 要敢于让学生提意见

很多老师怕在学生面前失去尊严，失去面子，就怕听到学生对自己的不满和批评，听到后也不能正确对待。总是妄图通过高压政策，让学生怕自己，服自己。殊不知，这样做已经在学生和自己之间架设了一堵厚厚的墙。我们的教育应当是民主的，理性的，平等的，不是高压，不是逃避，不是逞英雄。

上一学期，班里接二连三出现了不少问题，如早操迟到，自修课吵吵闹闹，作业拖拉或干脆不交，抄作业现象屡禁不止……与其他班级相比，我班学生明显好动、顽皮。面对这一大堆情况，我深深地感到不安和烦躁。由于自己心情不好，再碰上学生频频犯错，我常常采用疾风暴雨式的批评，激烈过火的话说了很多。然而班级情况只是表面上稍好一些，实质上并没有大的改变。

有一天，突然读到学生的一篇周记。其中有一句话引起了我的深思：班主任天天都找理由批评，虽然心里知道班主任是为大家好，可就是受不了。

我领悟到：在教育学生时，要和他们处在一个平等的位置上进行谈话，这样才有利于沟通，才能更好地了解学生，于是我决定召开一次以"沟通"为主题的班会。

为了消除学生对我的顾虑，为了让学生都能讲心里话，我特意把班长、团支书找来，让他们去做同学们的工作，并让他们转告其他同学：班主任以人格保证，决不会对说真心话的同学进行打击报复，请全班同学监督。

我一再告诫自己：这次无论学生怎么说，说什么，我都要微笑面对。即使学生言语过激，也要耐心听取。

主题班会如期召开。首先是班长、团支书发言，我都给予了真诚、耐心的回应。当学生们确信我是真心接受他们的批评意见时，他们的发言越来越踊跃，很多学生把平时压抑在心底里的话都说出来了。

学生1："为什么不让我们在业余时间看电脑游戏书？要知道这是一个电脑时代。再说，我们也不见得会'走火入魔'。"

学生2："有一次在自修课上，我前桌的班干部和我讲话，你来的时候正好看到我在说话，你问也不问就把我叫出教室，在门口狠狠地骂我，而对这位班干部却连一句批评的话都没有，我不服你。"

学生3："我的手机丢了，我不想说，也不敢说。因为按以往的教训，跟你说了，你反而会骂我，说我违反校规带手机，丢了是活该。因此，我不信任你。"

学生4："你说我和菁的交往超出了一般男女同学的范围，我们一点儿也没有啊！我们是好朋友的关系，我们坐在一起常常在讨论学习问题，根本不像你想象的那样。"

学生5："你说话老伤我们的自尊心。例如：每当我们考试成绩不理想时，你总说一句口头禅，你们这批人太差了，笨得跟什么似的，根本不能与我以前教的学生相比。难道我们真的不如他们吗？难道你不能说一些鼓励的话给我们听吗？"

学生6："有的同学乱抛纸屑或大声关门，你就说'素质太差'！"

学生7："你每天都有理由骂同学，很少听到你的表扬。"

一个接一个同学出于内心的话，句句给我带来巨大的震动，难道这是我吗？我这个班主任是在这样做的吗？

从学生们的话语中，我悟出了学生对班主任的要求：（1）平等待人；（2）工作细致周到；（3）先调查研究再下结论；（4）说话要讲究艺术性；（5）多鼓励，少批评等。

这次主题班会开得十分成功，从这以后，我发现班级情况有了很大的转变，尤其使我高兴的是，我发觉我与学生们的距离拉近了。

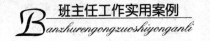

案例反思

　　要做好班主任工作，必须树立以学生为本的思想，事事处处要讲科学、讲方法、讲策略、讲沟通，千万不能由着性子不分青红皂白地批评学生。在班级工作中应多一些鼓励、表扬，少一些说教、批评；要站在学生的角度想问题，严于律己，宽以待人，在民主的氛围中进行思想教育；要营造学生人人敢说话，敢说真话的氛围；要以爱学生的心态投入到学生们中去，既要立威，又要关爱，爱是做好一切事情的润滑剂。

　　更重要的是，班主任要敢于让学生讲真话，敢于直面学生的批评，给学生创造说心里话的机会。当学生的怨气得到了释放，你的诚恳态度打动了学生，学生会更愿意接受你的教育。你会发现自己在学生心中的地位非但没有降低，反而赢得了学生的信任。

第五章

心灵呵护篇

1. 风雨过后是彩虹

人有病痛，唯有药医；心有病痛，唯有疏导。

女生柳精神萎靡地站在我的面前，犹如春天里遭受了风雨摧残的一朵花蕾。"老师，我想我在班级已经待不下去了，我只能回到我们农村中学就读了。"柳神情慌乱、语无伦次地向我说出了心里的想法。

"你是不是遇上了什么麻烦事？说给老师听听。"我宽慰道。我们学校是全市最好的高中之一，多少学生挤破脑袋想进都进不了，柳这孩子因为在农村中学就读时成绩优秀，被学校选拔进来了，可这才一个多月，她就打起了退堂鼓，这其中定有隐情。

"我一点也不适应这里的学习生活环境，这里根本就不是我能待的地方。我吃不惯学校的饭菜，听不懂老师和同学们的话，学习成绩也不再优秀，更没有推心置腹的朋友，我感觉自己完全陷入了学习与情感的怪圈，整日里郁郁寡欢，整晚睡不好觉。我怀念在初中读书时惬意的感觉，我更思念为了我的前程含辛茹苦的父母，我感觉自己快崩溃了。"说着，柳的眼圈红了，声音也哽咽起来。

哦，原来是这么回事，作为班主任，我应该早就注意到她近段时间心理的微妙变化。她的这种表现，属于典型的农村进城就读新生"适应不良综合征"。离开了自己熟悉的环境，熟悉的亲人、朋友，一切都要从头开始，这对于从未出过远门的农村学生尤其是女生来说，无异于一次脱胎换骨的崭新人生历程，在这段时间有点不适应，甚至完全无所适从，是很正常的。当了这么多年的班主任，跟这类学生打交道也不少，我怎么就没有想到呢？

我不由暗暗自责起来，好在问题现在就摆在我面前，我还有弥补的余地，就让她把心里的苦水倒出来吧。诚如心理学家罗杰斯所说："心理疏导是用生命影响生命，用人格影响人格的崇高的事业。"作为班主任，运用心理疏导的专业知识技能，给学生以合乎其需要的协助与服务，帮助学生正确认识自己、悦纳自己、提高心理机能、消除成长中的烦恼和障碍，从而较好地适应新的学习、生活及人际交往环境，责无旁贷。

我决定首先让柳将这段时间以来压抑在心底的不良情绪宣泄出来，再对症下药。

"我非常理解你此时的心情，任何人处于你这样的尴尬境地都会难受的。好在你能及时地向老师说出自己的想法，寻求老师的帮助，这说明你是一个有着积极心态与行动策略的女孩。"听了我的一番话，她的表情舒缓开来。

"你这种情况，老师见得很多，农村新生适应不良问题并非出现在你一个人身上，这是一个普遍性的问题。只不过在你身上表现得明显一点罢了。我执教的前几届学生中也不乏与你有类似境遇者。"我故意顿一顿，看她的反应。果然，她抬起头，不相信似的看了我一眼。"起初，他们也与你一样，说的方言别人听不懂，跟老师、同学沟通困难，饮食习惯大相径庭，思想观念差异更大，他们中也有人想到了放弃，但他们咬咬牙，挺住了，后来大都以优异的成绩考取了重点大学。任何一个人来到一个新环境，都是需要一个磨合期的，过了这段时期，就能在学习和生活中重新找到适合于自己的位置。"她极认真地听着我的话，不时点头表示赞同，情绪也好多了。

第二步，我决定引导柳将比较的视点从别人身上转向自己，这是使她重拾自信的关键。"在初中，你确实是同学们心目中的偶像、老师面前的'红人'，但在强手如林的当下，自然'天外有天、人外有人'。如果我们总将比较的视点放在别人身上，也许我们会越比越灰心，越比越感觉自己一无是处。因为在我们自身进步的同时，别人也在进步，而人与人之间的差别是客观存在的。如果我们将比较的视点放在自己身上，也许我们的心态就要平和许多，这样，你会慢慢发现自己实际上在不知不觉之中已有了巨大的进步，只是以前没发觉而已。近段时间，你明显已经开始适应老师上课的风格，也不再像以前那样拘谨，难道你没发觉吗？"她信服地点点头，感激地望了我一眼："老师，您相信我能战胜眼前的困难吗?"她不太自信地问。"当然能。"我及时鼓励道。

第三步，我与她一起分析了当前需要解决的问题，制订应对策略。学习上，我帮助她理清学习中的具体困难，并制订了相应的提高计划。生活上，我引导她慢慢适应学校的生活习惯和生活节奏，强化自己的生活自理能力。与同学的关系问题上，我鼓励她注意培养自己的生活情趣，主动接触别人，逐步改变封闭式的生活模式，积极主动地参与到班级活动中去，在潜移默化中与班集体融为一体。

半学期过去了，我欣喜地发现，灿烂的笑容又回到柳的脸上，她的学习成绩稳步上升，学习劲头越来越足，与同学们的关系也日益亲近，她不再感到孤独无助，更是完全适应了学校的生活。

案例反思

精神分析理论认为，人的行为主要受无意识的本能欲望的驱使，潜藏在无意识中的本能欲望受到压抑后，便会以心理障碍的形式表现出来，成为许多心理疾病的根源。人对环境的适应总有一个过程，在一个全新的环境里，学习、生活、人际交往等诸多不适应，势必在新生心中产生负面情绪。作为班主任，唯有耐心引导学生将这一不良情绪释放出来，再帮助学生找出问题症结，制订应对策略，让学生顿悟后彻底抛弃原有看法、体验和反应，回归正常的学习、生活、人际关系轨道，方为上策。

疏导宣泄之法也可让学生在生活中自行进行。如找亲密朋友倾诉、适当参加一些发泄能量的体育运动，这样的方式也不失为减轻压抑情绪和精神重荷的良方。

2. 流泪后的唤醒

一接手五年级（3）班，我就听说这个班有个不能自控、理解力较差的学生——小琴。

第一天上课，我规定要课前预习、摘抄好词好句等老规矩。小琴从座位上站起来大声说："我是不会做这些作业的，傻瓜才做作业！"

全班同学大笑起来，有个男生打趣说："小琴，你本身就是傻瓜，不做作业是你的特权！"

小琴生气地应道："小强才是个大傻瓜！大傻瓜！"这个小强简直捅了个马蜂窝，小琴的嘴就如复读机一样一直重复着"小强是个大傻瓜"这句话。

全班的同学都像看耍猴似的盯着我。

心里的火一点点往脑门上蹿，我走向小琴，她的大眼睛里闪着惶恐的光。同学们以为我会把她赶出教室。但没想到我从口袋里拿出两粒糖，对她说："小琴，如果你上课好好听讲，以后老师都带糖给你吃。"她迟疑地接过糖。我转身之际，她就把糖塞进了嘴巴，一脸的满足。

与小琴的初次交手算是打了个平手，想想她上课时总是自言自语，作业总不完成，真不知期末考试时该怎么办。

放学后，我把小琴的邻居——女生小燕留下来了解情况。小燕滔滔不绝地说："其实，我觉得小琴并不傻，她只是上课控制不住自己。她的字写得不错；她很喜欢吃零食，但她妈妈不让她吃；她妈妈生了小弟弟后，基本上不管她的学习……"

知道了小琴的状况后，在回家的路上，我特意弯进学校门口的小卖部，买了一组韩国明星的贴纸、一盒彩色笔、几块有香味的橡皮和几包零食。

再上课的时候，我把买的小礼物放在讲桌上，对全班同学说："以后只要小琴完成作业，我都会送她一份小礼物；如果有同学帮助小琴完成作业，我也送他一份礼物。但如果有人故意欺侮小琴，将被罚扫地一天！"

我的话音刚落，全班哗然，感觉老师是不是也疯了，居然用钱请人读书，而且是对一个并不知回报的"傻瓜"。

有了礼物的激励，小琴上课果然安静了，课内的练习本也按时交上来了，如小燕所说，她的字也写得端端正正。我松了一口气。但我高兴得太早了：两周后，小琴的作业本基本上是空白。虽然小燕和别的女生时时督促她，但她似乎只在意收礼物，却不愿做作业。

我仔细翻看了小琴的作业本，原来，我布置的作业量对她而言太大了，有些知识她还根本没有消化。

发现了这一点后，我针对小琴的特点另外给她布置了一份作业，还在班上的评比栏上增设了一项进步奖。此后，小琴的名字下面红星渐渐多了。虽然有些时候，她还是无法控制自己，还会与小强发生争吵，在课堂上被小强弄哭；我也常常拍动黑板擦，如同包公断案般铁青着脸。

尽管如此，随着我给她的礼物和红星越来越多，她开始表现出对我的依赖，还有信任。

一天放学后，我又把小琴留下来，想更深入地与她谈谈。我递给她一盒牛奶，让她看着我，一字一顿地对她说："小琴，只有好好学习，长大才能买漂亮衣服穿，买好东西吃，买许多自己喜欢的东西……"

听着我的话，小琴的眼里闪出惊喜的光芒，她几乎是喊着问我："老师，是真的吗？"我摸了摸她的头，肯定地点了点头。

看着小琴一蹦一跳地出门，我把小强叫进了办公室，我问小强："如果小琴是你的妹妹，你会不会宽容她呢？"小强点点头。我说："以后你能不能把小琴当作妹妹看？她妈妈因为生了小弟弟，对小琴几乎是不管不问。老师觉得你是一个真正的男子汉，还有保护女生的风度，老师更相信你是个有爱心的孩子，希望你不要再与小琴作对了……"

天色已晚，我载着小强回家，他坐在电动车后，主动跟我聊起天。临别时，小强主动向我保证以后再也不欺侮小琴了。

转眼就到了期末，紧张的复习开始了。小琴不仅完成了作业，还主动学习；小强不再与小琴作对，偶尔还帮助小琴核对作业答案。小琴的思维犹如金庸小说里的傻姑，虽有时会短路，但记忆力却惊人，她背过的课文和句子一定会记在心里。

我知道了她的这个特点后，犹如发现了阿拉丁的神灯，期望记忆之神能把小琴唤醒。

期末考试时，为了安抚小琴，我买了几包零食放在她的课桌下，并特地交代监考老师说，唯有这样她才能完成试卷。我在隔壁监考，心里担心着小琴会不会交白卷。据她以往的历史，哪怕她不交白卷，也只是随心所欲地涂写几个字。

期末考试后，全校老师交换看卷，在填写成绩单时，有个老师兴奋地跑来告诉我："余老师，你们班……你们班的小琴居然考及格了！"

我愣住了，小琴居然会考及格，难道阿拉丁神灯让她领悟了学习能换来好东西的美好愿望？

领成绩单时，我给小琴准备了一张大奖状，一个厚笔记本，还有几包她爱吃的零食！

小琴上来领奖品时，脸上一直含着笑，她似乎不懂得谦虚，高高地举起奖状，大声地喊："我赢了！我是第一名了！"

小琴高兴地跑回座位，结果绊了椅腿摔倒在地。小强居然跑过去把她扶了起来，这次没有嘲笑，没有谩骂。全班同学响起了热烈的掌声。在小琴的眼泪中，我仿佛看到了一颗沉睡的心灵在某个时刻苏醒了，更看到了孩子们感恩的心灵之花在悄然绽放。

案例反思

美国哈佛大学心理学家霍华德·加德纳有一个著名的多元智能理论。他认为每个人身上至少存在语言、数理逻辑、空间、身体运动、音乐、人际关系和自我认识等七项智能，但是，这七项智能在具体人身上会表现出个体差异。也就是说，每个人都有自己的强项和弱项，在这方面是"特短"的人，可能在另一方面是"特长"。这正应了中国的一句古话："尺有所短，寸有所长。"因此，我们不能对学生的某些短处耿耿于怀，而应把眼光放在学生的长处上。

人的智慧发展是不均衡的，总有智慧的强势和弱势。教育的重点就是发现和培养学生的强势，扬其所长，避其所短，使每个学生都能熠熠闪光。没有不成才的学生，只有不成功的教育，秘诀就是挖掘学生的潜能，培养学生的特长。

3. 让"发潮的火柴"燃起
希望的火苗

梅，名如其人，冷峻、忧郁、多愁善感，衣着朴素暗淡，走路小心翼翼，眼神躲躲闪闪。从北方某中学转学到我班已一个来月，她仿佛还是初来乍到，看见谁都爱理不理的。很明显，这孩子患上了严重的自卑症，是一根"发潮的火柴"。怎样才能让这根"发潮的火柴"燃起希望的火苗呢？思虑再三，我决定慢慢观察，等情况明了后，再对症下药。

那天，她穿了一件颜色亮丽的衣服，虽然不怎么合身，但对她而言已很难得。课间休息时，我走到她的身边，很自然地赞美道："你今天的穿着很精神。"果不出所料，她羞红了脸低下头去，可我分明看见她的眼中有闪亮的东西，那一定是她隐藏不住的喜悦。自卑的学生心中何尝没有被人赞美欣赏的渴望？于是在平时的接触当中，我又有意地赞美她某些小小的甚至是微不足道的优点。一段时间以后，她的情绪明显比以前好多了，人也不再像以前那样拘谨，但深层次的自卑仍如影随形伴随着她，她依然是班级的"孤家寡人"。我于是决定跟她进行一次彻底的长谈。

"你似乎不太习惯南方的学习生活？"我单刀直入。"俺、俺……"话没说完，一滴伤心的泪重重地砸在办公室的地上，"俺说的是北方的土话，他们都嘲笑俺是北方来的'土包子'。"我心一惊，我根本就没有预料到她的自卑是因为语言的隔阂，我还自作聪明地调查她的家庭背景，哎，我的工作做得太粗糙了。她在北方生活的时日长了，语言受北方影响极大，说话习惯用北方人常说的"俺"、"中"等词，因而受到了班级学生的嘲笑与捉弄。我根本就没有及时深入她的内心世界，以至班级学生对她造成了极大的心理伤害。所幸现在了解了这一情况还为时不晚，我还有足够的时间弥补同学们给她造成的心灵伤害。我于是进一步探寻着通往她心灵深处的路。听说她普通话朗读水平较高，一个让她彻底走出自卑阴影的转变计划在我的脑海中形成了。

班级普通话朗诵比赛正如火如荼地进行着。同学们你方唱罢我登场，都想在人前露一手，尽管有些学生的普通话是那样蹩脚。热烈的掌声不时在教室里响起，青春的活力与激情尽情地在班级师生之间传递。当主持人宣布由梅上场朗读时，讲台下响起了稀稀拉拉的几下掌声。她从座位上站起来，不太自信地朝讲台走去，自卑的阴影仍然笼罩着她，她就像一只被重茧裹住的蚕蛾，要冲破黑暗的束缚是那样艰难。我马上抓住机会，鼓劲道："我们南方人分辨不清鼻音、转舌音、儿化音，北方人却能轻而易举地分辨，要说普通话，还是北方的正宗。让我们再次以热烈的掌声欢迎我们班来自北方的同学杨梅为我们带来的高水准的朗读。"一阵热烈的掌声后，我发现，她竟然变得那样洒脱而自信，原先拘谨的模样早已荡然无存。

她为大家带来的是作家孙犁的《荷花淀》："月亮升起来，院子里凉爽得很，干净得很。白天破好的苇眉子湿润润的，正好编席。女人坐在小院当中，手指上缠绕着柔滑修长的苇眉子。苇眉子又薄又细，在她怀里跳跃着。要问白洋淀有多少苇地，不知道；每年出多少苇子，也不知道。只晓得每年芦花飘飞苇叶黄的时候，全淀的芦苇收割，垛起垛来，白洋淀周围的广场上，就成了一条苇子的长城……"清晰的吐字、优美的音色、细腻而丰富的情感的拿捏，转舌音、鼻音、舌边音……全都那样到位。意境是那样优美、人物形象是那样感人。同学们仿佛都跟着她优美的朗读声，慢慢进入到当年那遭受了血与火的洗礼的白洋淀，感受着对抗日英雄的爱、对日本帝国主义的恨。

我原先只是听说她普通话好，但没有想到竟然这样好，好得出乎我的意料。她的文章读完了，教室里却出奇地安静，大家仿佛还沉浸在作品所营造的意境之中，久久地回味着。随后，铺天盖地的掌声似一声声振奋人心的春雷响起来。她读得确实太精彩了。

"杨梅同学的朗读让我们见识了什么才是真正的普通话。我曾听说有同学嘲笑过她的土音。的确，中国话'三里不同音'，南方话跟北方话语音的差异就更大了。也许我们很多同学听惯了本地的土话，感觉外来的乡音很土，其实，这不过是五十步笑百步罢了。杨梅同学的语音带有浓厚的北方土音不假，但说句真话，较之我们本地的土音还是要好懂得多。刚才的一段朗读，我们已见识了她的朗读水准，大家服不服？"台下几乎异口同声："服！"一抹羞涩的微笑在她的脸上显现，那样的自然、那样的美丽。

自此以后，班级同学对她的态度来了个 180 度的转弯，再也没有人嘲笑她的北方土音，反倒虚心向她学习起普通话，她俨然成了班级的普通话权威。她跟同学们关系也慢慢熟络了，笑容时时荡漾在她的脸上。她的学业成绩进步更大，如今已进入班级前十名了呢！

案例反思

教育者最重要的是塑造孩子健康的心态和人格。但遗憾的是学生自卑、冷漠等不良心态并没有引起所有班主任老师的重视，因为熟视无睹、因为掉以轻心、因为缺乏与孩子真诚的情感沟通，许多有这样或那样性格缺陷的学生，不经意间在青春的七巧板上重重地抹上了一笔暗淡的底色。运用更新升华法让孩子走出自我封闭的世界，实现人生破茧成蝶的跨越，实在很有必要。

班主任要引导学生正确面对挫折。由于年龄小，人生阅历浅，许多学生耐挫力弱，经不起生活的风吹雨打。这就要求班主任擦亮眼睛，做生活的有心人，及时掌握学生的心理动态，尽量在问题出现的初始阶段做好学生的教育转化工作。

班主任应引导学生勇于表现自己。由于自卑，学生就像窝在壳里的蜗牛，大都不敢在人前展示自己，生怕因此而引起别人的嘲弄。班主任应引导学生正确评价自己，并根据学生的特长，为其创造展露才能的机会，让学生从内心里重新给自己定位。

　　班主任应坚持表扬为主的原则，时时关注孩子的点滴成绩与进步，及时为孩子送上一份舒心的精神大餐，让孩子不断强化优点、弥补缺陷，增强自信、战胜自卑。

4. 别样的选择

谁会选她做自己的小组伙伴？望着她那凌乱的卷发，脏兮兮的小脸，我在思考着该怎样安排明天的秋游活动。如果自由组合，她肯定是被组合剩下的那个，会有同学主动愿意跟她一组吗？

孩子们除了不喜欢她的脏，还怕她的爸爸。

新学期开学不久的一个下午，我们正在上拼音课。突然，教室门被"砰"地推开了，一个衣衫不整、头发蓬乱的男人，挥动着10元钱，径直走进来，边走边反复念叨着："老师，缴钱！缴钱！"还没等我反应过来，他将钱扔在讲桌上，转身就走了，嘴里仍旧念念有词。"砰"一声，门又被重重地关上了。他把脸上写满惊愕的孩子们和满怀疑惑的我，关在门内。

"这是谁的家长，怎么这么没礼貌啊？"我正想问，忽然记起开学的时候，班上的一个小女孩，是由邻居带来报名的。那邻居告诉我，小女孩的爸爸有精神病，妈妈出走了，学费只能一点一点地交。当时我就感到很奇怪：一个有精神病的爸爸，怎么带六七岁的孩子？邻居告诉我，在他们厂里，很多人同情父女俩，厂里安排那位父亲当保洁员，他只需要每天扫地，而孩子有许多热心人帮着料理。难道这个男人就是他？我抬头向小女孩的座位望去。果然，小女孩满脸通红，头埋得低低的。我什么都明白了。

那一瞬间，怨气没了，我满是惊讶和感动：一个精神病患者，居然能够找到女儿的教室，来为她缴费。我平静了一下，继续不动声色地上课。

下课后，全班的孩子都知道了那个男人就是小女孩的爸爸。虽然他们并没有说什么，但总是有意无意地用一种异样的目光打量她，盯着她洗得不够干净的脸，瞧着她梳得不够整齐的头发，看着她穿得不够整洁的衣服……在他们眼里，似乎有很多疑问，但没有一个人和她直接对话。小女孩也离大家越来越远。好几次下课后，我都看见，她孤独的小身影在校园里徘徊；偶尔，远远望着那些开心说笑、欢快追逐的孩子，眼睛里满是怯懦和羡慕。这让我觉得莫名的心痛。

该怎么帮助她？我一直在思考，也一直在努力寻找解决问题的突破口。也许，明天的秋游活动，就是一个好机会。

理清思绪，我开始跟孩子们宣布秋游的纪律和规则。最后我说："同学们可以选择自己喜欢的5个伙伴，组成6人小组。老师也要参加小组活动，老师选择衡春那个小组，还有哪些同学愿意跟我们一组呢？"衡春，就是那个小女孩。

"我选衡春。"我的话音刚落，性急的小力率先站了起来。

"我也选衡春。"甜甜也迫不及待地站了起来。小力和甜甜，是大家喜欢和信赖的班长，他俩的选择，使得整个班级霎时沸腾了！

"衡春！衡春！"

"我们都要选衡春！"

一时间，教室里响着同一个声音："衡春！"有的同学甚至跑到衡春面前，拉着她的小手说："选我！选我！"大家全然忘记了以前对她的漠视和冷落。那一刻，衡春成了全班最闪亮的明星——她睁大眼睛望望我，又望望大家，仿佛不敢相信这是真的。她的脸涨得通红，眼里闪动着激动与欢乐的光。

最后我请她上台，由她自己挑选4个伙伴，跟我组成一个小组。她满怀自信与喜悦地走上台，可她站在台上，好半天没有作声。

"老师，我可不可以都选呢？"她怯怯地问我。

"为什么？"我怔住了。

"选谁都好，选谁都不好。"

"那你的意思……"

"我……我想和大家……都做好朋友。"

原来如此！我让她只选4个，显然是难为她了！

我微笑着看看她，又看看全班同学，然后修正了我的决定："明天的

秋游，老师和衡春同学一起，组成特别行动小组，流动参加全班每个小组的活动。大家说好不好？"

　　教室里响起一阵雷鸣般的掌声，在掌声中，衡春的脸上，满是灿烂的阳光……

　　有人说过这样一段话："自信可以化渺小为伟大，化平凡为神圣。自信造就一个人，自卑毁掉一个人。所以，帮自卑的孩子找到自信，就等于拯救了一个灵魂，拯救了他的人生。"作为教育者，我们是否也应该在给予孩子智慧、知识之前，首先给予他们充足的自信呢？他们的人生刚刚开始，而在他们行走未来岁月时，能够给他们最大支撑的，正是自信。只有让自信的风帆鼓满，他们的人生才会航行得更远。

5. 别在冬天砍树

小伟在班上可算是最引人注目的一个学生。不是因为他的成绩好，而是因为他经常不交作业，即使交上来，还常常没做完，那作业本也是脏兮兮的。另外，他穿的也是脏且破烂的衣服。请他到办公室来过多次，每次他总是吞吞吐吐的，一脸无奈地站在我面前。

开学好几周了，小伟除了按时到校外，仍旧是老样子。我没少在班上批评他："你这样下去还有什么出息？你怎么就不想想你的前途？你不为自己打算，也应该为父母着想吧!"每次批评他，他总是低着头，红着脸，手不断地捏弄着他那支不知从哪里捡来的破钢笔。

中期能力检测，小伟全年级倒数第一。那天我把他叫到办公室，狠狠地训斥、数落了他一顿，直骂得他伤心地哭了好久。我最后抛给他一句话：我再也不管你了。

又过了一周，小伟依旧按时到校，依旧无精打采地坐在课堂上。

又是一个星期五下午放学，我整理好一周的工作笔记，猛然想起昨晚读到的一个故事——《别在冬天砍树》。故事是这样说的：父亲在冬天砍掉了一棵枯树，到了春天，他惊奇地发现树桩上又萌发了一圈新绿。于是父亲对孩子说，当时我真的以为这棵树已经死了，树叶掉得一片不剩，光秃秃的枝丫也不断地往地上落，一点活力也没有。现在才知道，它看似枯死的躯干还蕴藏着活力。所以，不要忘了这个教训，不要在冬天砍树。

小伟是不是正处于"冬天"呢？我是不是就这样将他"砍掉"呢？肩上那沉甸甸的责任驱使我一定要将此事弄个明白。于是，我拿出学生报名册，找到了小伟家的地址。一看，比较远，我决定徒步走到他家，看看小伟每天上学得走多长时间。走了70分钟，我终于到了小伟家。门是开着的，我轻轻地走进屋，一股霉臭味迎面扑来。那是一间极其脏乱的屋子：

房里有两张并排安着的床，床上的被盖黑黑的，床边坐着个目光呆滞的女人；窗前地上放着一口锅，锅里还有中午吃剩的面条，那汤里看不到丁点儿油星；地上很脏，俨然很久没有打扫过了；在一个墙角里堆着些废纸、饮料瓶之类的杂物，小伟就蹲在那里，正清理着什么。突然，小伟站起身，发现了我。他赶快跑过来，搬来一张小板凳，迅速用衣袖擦去上面的灰尘，让我坐下，然后从床边牵来那个女人对我说："老师，这是我妈。"然后又对他妈说："妈，这是我的班主任老师。"他妈什么也没说，眼睛直直地盯着前方，嘴里不停地说着："嘿嘿，老师！嘿嘿，老师！……"我忍住就要流出的眼泪，听小伟讲他家的事。

他母亲在他满一周岁那年被一辆车撞了，司机开着车跑了。为治好母亲的伤，家里花光了所有的积蓄，还欠了两万多元的债。母亲虽然无大碍，但就成现在这个样子了。现在，父亲在离家不远的建筑工地上打工，很少回家，也很少拿钱回来。他和母亲的生活就全靠他用放学后捡废品去卖得的钱来维持。

听着小伟的叙述，我的心如刀绞。临走时，我掏出50元钱递给小伟，他却坚持不要，我硬塞给了他，对他说："你的家离学校这么远，你每天还要照顾妈妈的生活，还能按时赶到学校，真不简单。过去，老师对你关心不够，这是老师的错。这钱你就拿去买点好吃的，给妈妈改善一下生活。"

第二天，我打电话约了班上几个有钱人家的孩子，告诉他们趁双休去参加一项实践活动。周末，我们准时到学校集合后便一起来到小伟家。小伟没在家，可能是出去捡废品了。几个孩子看到小伟的家是这个样子，瞪大了双眼，半天说不出话来。我给他们几个分了工，准备收拾房间，可是什么清扫工具也找不到，只好让家里离此不远的一个孩子坐车回去拿。等那个孩子赶来时，小伟也提着废品回来了。他知道了我们的来意后，很是感动。然后小伟就和我们一起用了一个多小时才将屋里屋外收拾干净。几个孩子在那里嘀咕着什么，接着就跑了。我对小伟说："我去买点菜，你把炉子生好。"等我把菜买回来，那几个孩子又来了，有的带来了好吃的，有的给小伟带来了半新半旧的衣服，有的带来了学习用品……下午，我带着小伟来到了他爸爸做工的地方，费尽了口舌才将他爸爸给劝了回来。我对他说："你要为孩子的将来着想，也要为自己的将来着想。等孩子长大了，会挣钱了，家里就会好过的。"临走时，他表示：争取天天回家！

后来，在同学们的帮助下，小伟渐渐学会了自己洗衣服，常常是衣着干净地来上学。作业也能按时完成，且卷面整洁。他在学校教导处组织的口算比赛中还获得了三等奖。

冬天的树，光秃秃的枝干，仿佛枯木一般，但它的内心却在孕育着春天的希望，只要能挺过严冬，它就有可能焕发生机。我们所面对的学生，又何尝不是这样？由于各方面原因，暂时处于逆境不作为者不时有之，我们却不能就此将其"砍掉"，让他过早地失去成长的活力。

"别在冬天砍树"，应成为我们教育者的一个永恒法则。

案例反思

苏霍姆林斯基说过："假若教师对难以调教的、固执的、有时因其复杂性而不可理解的学生避而远之，不能用自己的思想使他折服，（学生）对学习劳动的兴趣也将落空。"

我们不能强求每种植物都在春天开花。或许春夏都不开花的，在秋天或冬天就能开出美丽的花来。所以，对于暂时处于劣势的人，我们没有理由遗弃他，也没有理由提前下结论，更没有理由讽刺打击挖苦。而我们此时最应该做的，就是悉心呵护他，耐心引导他，真心帮助他，全心滋润他，用善良的心地，用智慧的甘泉唤醒他暂时沉睡的心灵。

同时，我们还应具备一双慧眼，要学会从冬天看到春天，从春天看到夏天，甚至从春天看到秋天或冬天。我们要给每一株植物开花的时间。

第六章

青春期引导篇

1. 心理互助见奇效

　　学生进入初二，正是青春期高峰阶段，生理成熟和心理发展滞后的矛盾，给他们带来了一系列心理压力和困惑，不同程度地影响了他们的学习生活。大多数中学生不愿与家长和老师主动沟通，常常陷入苦恼中而不能自拔。针对他们这个年龄段的心理特点，我们在全年级范围内开展了"心理互助"的实验活动，即鼓励学生人人当心理医生，为他人排忧解难。

　　该活动是结合学生自己的学习和生活实际，用心理咨询信的形式写出自己的心理问题。为了保护学生的隐私，不直接写真实姓名，而只写代号。把学生写好的心理咨询信统一收齐整理，然后交错发给每位学生。学生在接到别人的咨询信后开始认真阅读，并按咨询信内容有针对性地写好回信。

　　收齐回信后，经过整理、加工再按咨询者的代号发给学生。咨询者反复阅读后，写出自己的评议或看法，即是否认同"心理医生"的回信，并打上分值（满分为 100 分）。

　　接着把分类收好的心理咨询信，再一份份进行认真的评阅，其中不乏鼓励、肯定、表扬和赞赏，然后再按"心理医生"的代号把咨询者的"意见"反馈给他们，让"心理医生"了解自己的回信结果（认同程度）。

　　学生咨询的问题很多，大都结合自己的学习和生活实际。譬如：考试焦虑怎么办？如何与异性交往？自卑又嫉妒他人怎么办？怎样才能自控？父母偷看日记怎么办？怎样看待上网、早恋？与父母经常发生冲突怎么办？怎样才能减轻学习压力？情绪一直低落怎么办？怕与男生讲话怎么办？怎样与老师沟通？怎样才能自强？如何与人相处？怎样才能解除暗恋的苦恼？有同学给我写情书，我该怎么办……

　　可别小觑这些十三四岁的中学生，面对这些敏感的问题，他们虽然不是心理专家，回信时也没有什么"焦虑症"、"强迫症"、"异性恐惧症"之类的专业术语，但他们对心理咨询信特别感兴趣，凭着他（她）们的好奇、天真、聪慧、博览、热情、理解、关爱和真诚，为咨询者写出了一封封条分缕析、颇有创意和令人折服的回信。

　　也许我们不会相信这些十三四岁的孩子能当好同伴的心理医生，可事实上从反馈的信息统计来看，有96%的咨询者对回信"感到十分满意"，并判为95分以上，其中有18%的"心理医生"获得了100分。这里不妨摘录几则咨询者的"意见"如下：

　　"晨晨同学，我非常感谢你帮我出的主意，你的回信给了我很大的鼓励，你的方法也给了我很大的启发，我会试着去认真采纳。但愿通过你的方法能够解决我们家的矛盾，让父母和和睦睦，让家庭重新充满欢乐。"

　　"橘子，看了你的回信，我很惭愧，你使我真正理解了父母，认识到了自己以前的不足。你在文中以巧克力为喻使我更加理解了父母的用心良苦，你说得很对，学会换个角度看问题十分重要。说实话，你的话像一缕阳光驱散了我心头的乌云。"

　　"小叶，我真会把你当成心理学家，真的，想不到你对我提出的问题回答得那么好，好像经过你这么有条有理地一说，心里的苦恼一下子就消除了，我真的感到很轻松。"

　　"雪娜同学，你虽然不懂'上网'，可你能够以大量事实提出'上网'时要注意的六个问题，作为一个'上网'迷，值得我反思。"

　　"梅子，你的回信给了我一个深刻的教训，让我明白了交友要注意的一些原则，这些原则会使我在今后的交友中拥有真正的好朋友。"

　　"反复看了你的回信，我非常内疚，我真不该自卑自弃。你的信使我又振奋了精神。你说，做人当自强，是的，我一定会克服自卑心理的。"

　　通过"心理互助"活动，这种同龄人之间的互相沟通，学生极易产生心理共鸣，取得了较好的效果，解开了许多学生藏在内心深处的心结。

案例反思

"心理互助"活动是根据青春期学生的心理特点而开展的。他们喜欢向同龄人打开心扉，相互交流，倾诉烦恼。而他（她）们面对家长和老师时则是一种回避的心态。即使学校开设了心理咨询室或心理咨询信箱，许多学生仍只是望"室"生畏，望"箱"发憷，不敢说出心中的痛苦，而开展"心理互助"活动则符合他（她）们的心理需要，从而达到"互助"目的。

开展"心理互助"活动能够使学生充分认识到心理健康的重要性，对他们的成长、成才有着积极的指导意义。开展"心理互助"活动可促使学生在课外阅读有关青少年心理健康方面的书籍，不断汲取丰富的科学知识，不断提高自我调适能力和耐挫能力，保持健康的心理。

开展"心理互助"活动，可进一步使老师掌握翔实的材料，有针对性地了解学生，研究学生，关爱学生，帮助学生做好心理辅导工作。

开展"心理互助"活动，使学生学会了关心别人，理解和接纳别人。这对他们学会共处，学会做人，学会生存都有着积极的指导作用。

开展"心理互助"活动，可以提高学生的认识和创新能力以及分析和解决问题的能力。同时，还可激发学生的写作兴趣，提高写作水平。

事实证明，开展这一活动，对学生身心的健康发展，对整个班集体的建设都产生了意想不到的效果：学生开朗活泼、心理健康、学习情绪高涨；同学之间团结、和谐、真诚、宽容、理解、互助；班纪班风严明纯正，班级生活井然有序。

2. 正确对待早恋

小朱，1.75 米的个头，学习成绩优秀，一等奖学金获得者。可是，这个学期，他的变化很大：课堂上目光游移不定，精力不集中；晚自习，总爱和小李坐在一起；期中考试，各科成绩一落千丈。原来他和小李早恋了。

小李，由于生病请了两个星期的假，功课落下了不少。小朱是班上的学习尖子，学习非常勤奋，每天总是早来晚去，为人诚实。小李有问题自然愿意去问他。一开始，小李问小朱题目，同学们还发出"嘻嘻"的笑声。可小李心想，问男生几个题目有什么大惊小怪的，谁叫你们不是第一呢？你们是第一，我就问你们。虽然小朱很不习惯一个女同学问自己题目，但还是全力以赴，尽心尽力。

他俩的座位原本离得很远，小朱坐在第四组最后一个位子，小李坐在第一组第二个位子。问一个问题，小李要从教室的前面走到后面，常常引起同学们的注目。为了问题目方便，小李和另一个同学调换了座位，竟然坐在了小朱的前边。俗话说，日久生情。更何况处在青春期的少男少女呢？不知不觉中，小李"爱"上了小朱，小朱也"爱"上了小李，他俩坠入了"爱河"。

在对待小李和小朱这样的早恋学生时，我采用了用爱心去教育，用爱心去引导的教育思路。

1. 尊重学生。尊重学生是教育引导学生的前提。

（1）不在公共场合和众人面前津津乐道他们早恋的事。

（2）不把早恋视作学生难以赦免的一种过错，当作把柄抓住不放。

（3）为学生严守谈话内容。

（4）在大众场合下，不直接批评，给学生留有余地。

例如，我有时去班级，也看到他们亲密地坐在一起，我从未当众批评过他们，而用一两句玩笑点一点。有一次晚自习，小李和小朱又坐在了一起，如果我视而不见，同学们肯定会认为我对这种现象听之任之；如果疾言厉色地批评，他们在同学们的侧目之下，将是怎样的难堪。当天，小朱感冒非常厉害，还请了两节课的假。于是，我轻轻地走到他们身边，轻松地说："小李啊，你不怕感冒吗？小朱可是重感冒。感冒可是要传染人的。"听了我的话，周围的同学笑了，他俩也笑了。几分钟后，小李便回到了自己的座位。

（5）学生自己没有说出是早恋现象时，我们决不能把男女同学的亲密关系定义为早恋。否则，会假戏真做。比如，在对待小朱和小李的问题上，我一直都说他们是一对好朋友。这样，他俩就不会脱离集体，心理压力也小一些，有利于进一步转化。

2. 旁敲侧击。

我经常从《心理世界》、《第二课堂》、《班主任之友》、《思维与智慧》等刊物上找一些有针对性的文章读给学生听。例如，我曾在班级读过《对面的女孩看过来》、《学会放弃》、《如有可能，老师为你做媒》等文章。让学生在听读中理解，在听读中思考，在听读中自我疏导。小李和小朱也对自己的行为有了新的认识。

3. 平等谈话。

如果当头棒喝，将其击昏，这样你将难以和学生交心。如果你承认他们的这种情感是正常的，是可以理解的，那么才有可能打开他们心中的那扇窗，才有可能进一步去引导。找他们谈话时，也不是要求他们承认什么，或保证什么，而是给他们提一些建议，讲一讲责任，帮助他们正确地成长，脚下的路还要靠他们自己去走。

4. 要允许学生逐渐转化，增强集体的凝聚力。

不能希望一两次谈话，就能起到质的飞跃。而是要多关心多帮助，逐渐把他们拉回集体的阵营中。

小李和小朱在我的爱心攻势下，终于又恢复了以往的平静。现在他们

只是班级这个大家庭中相对来说比较好的朋友。

在面对学生的早恋现象时，我们教育工作者要明确自己的工作目的，注意工作的态度和方法。

我们的目的：要引导学生正确地对待这个问题，而不是封杀。实际上这种现象是不以我们教育者个人意志为转移的，因为它是一种正常的生理、心理、情感的需要。

我们的态度：要尊重学生的情感，而不是歧视。过去，我们视早恋的学生为异类，从心理上歧视他们。结果使他们越走越近，甚至"终成眷属"。

我们的方法：重在分析、引导、帮助。让学生从心里接受你的教育，而不是强迫。过去，我们把早恋的学生请到办公室，先是一阵让其躲闪不及的狂轰滥炸，再是一通高压式的正面灌输，结果是任你怎样语重心长，"我自岿然不动"。

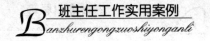

3. 青春期心理的引导

一天，我一进办公室就看到办公桌上放着一封信。信是红写给我的。信的内容大致是这样的：我给您写过很多信，一直都没有勇气交给您，我是一个心理不健康的坏女孩。我喜欢上了班上的一个男生，可是我一直都不敢告诉他，也不敢和别人说。我不知道自己是怎么了，常常在心灵深处呼唤他的名字，我一天到晚满脑子都是他的影子，我会幻想和他牵手、拥抱、亲吻。老师，我是不是真的很坏？我好无奈，晚上我睡不好觉，白天我吃不下饭，学习成绩直线下降。老师，我渴望得到您的帮助！

我先给红写了一封回信。在信中，我首先告诉她，出现这样的心理是她这个年龄阶段的青少年常遇到的情况，是青春期的正常反应，说明她已经长大了、成熟了，没必要担心害怕，责怪自己。然后我现身说法，告诉她我曾经也有过和她同样的经历。在消除她自我责备的心理后，我又给她提一些解决问题的建议。

1. 大胆地正常地和异性接触，而且不要一对一地接触，要一对多地接触。

2. 要多参加集体活动，多和同学、老师、家长沟通。有什么想法和困惑要及时和别人沟通，及时得到帮助和释放。

3. 要看一些关于如何解决青春期心理问题的文章和书籍。

4. 要培养自己健康的业余爱好，比如读书、运动、音乐、美术等。这样生活就充实了，思想就不容易总停留在某个人的身上。

5. 要确定自己近期和长期的学习目标，树立远大的理想。有了航向和航标，就有了前进的方向和动力，就不容易在成长的路途中迷失方向了。

过了两天，下午快放学时，红主动来到我的办公室。她如释重负地对我说："谢谢您老师，我现在明白了很多道理，也知道自己应该怎么办了，我一定会按您的建议去做的，我相信我会好起来的！"

后来她还告诉我她的好朋友蓝收到了一封男孩子写给她的情书，蓝也很苦恼不知道该怎么办。红说蓝自己不敢来找我，想让红帮着问问老师怎么解决这件事。我让红告诉蓝不要声张这件事，我明天找蓝谈话。

第二天的活动课上，我把蓝叫到我的办公室。为了减轻她的心理压力，我先简单问了几句她的学习情况和家庭近况。

然后，我问她："蓝，你自己有没有想过该如何处理那封收到的情书？"蓝沉默了一会，说："老师我想过了一些办法，但都被自己否定了，所以，一直不知道该怎么办。"

我说："你想过了哪些办法，又为什么否定掉，能告诉老师吗？"

蓝说："我的第一个想法是把信交给老师，让老师去批评那个男生，让他以后别再给我写信，骚扰我。但我又想，这样做，会把事情闹大，他可能会嫉恨我，报复我。"

我说："蓝你考虑得太对了，说明你是一个爱思考的孩子，这样做的确不妥。而且这样做也会伤害给你写信的那个男孩子的自尊心，这对他的成长也很不利。他喜欢你也是正常的，你的确可爱，同学、老师和爸爸妈妈不是也都很喜欢你吗？但是他给你写信，给你造成了心理压力，带来了烦恼，这是不对的。"

蓝又说："我的第二个想法是，给他回一封信，让他以后别再骚扰我。但我怕他还对我不死心，还会来纠缠我，打扰我。"

我说："你不试怎么知道，关键要看你的信是怎么写的，既要表明自己的态度，又要做到不伤害对方。我倒建议你试试这个方法，老师也会暗中帮助你，如果他还不死心，来打扰你，老师再出面，你看怎样？"

又过了几天，蓝和红一起来找我了。看着她们兴高采烈的笑脸，我就明白她们心底的阴影已经消失了。从那以后她们一有什么不开心的事就会主动来找我沟通。后来她们还成了班级的优秀干部。

当我意识到暗恋现象在学生中普遍存在后，我专门针对暗恋现象召开了一个主题班队会。主题班队会中把蓝和红的故事都编成小品和讨论题，让同学们自己去演，自己去讨论和评析。另外，我还在班级的图书角增添了青春期心理健康教育的相关书籍，并专门请来青春期心理健康教育专家为同学们开讲座和解答相关问题。

案例反思

  对于处在青春期的中学生来说，暗恋是一个非常普遍的现象。男孩可能会暗恋某个女孩，女孩也可能会暗恋某个男孩。在这个阶段的中学生往往还不能正确处理和对待暗恋和被暗恋的问题。作为教育者的我们，有责任帮助他们走好人生这关键的一步。

  对待普遍存在于中学生中的暗恋现象，要像对待一件很娇弱的物品，不能太轻，也不能太重；不能太急，也不能太缓，否则就可能伤害它。所以，既不能放任不管，也不能闻"恋"色变。因为少男少女情窦初开，是自然规律；两情相悦异性相吸，是人的天性使然。少男少女渴望接近是受性意识所引发，是性生理发展到一定阶段的本能需求。在这个关键时期，如果这种需求得不到正确的引导，而是被人为地抑制，那将出现很难预料的后果。

4. 暗恋不可怕

"老师，我有一桩心事想跟您谈谈，我暗恋上了我们班的文娱委员。"

我做梦都没有想到，我一向看重的班长小溪，竟会在面临考试的节骨眼上说出如此让我大跌眼镜的话。这下好了，两个极优秀的学生很可能在班级上演一场"蓝色生死恋"，一连串的麻烦将让我焦头烂额。

就在我冥思苦想应对策略之际，教育家爱默生的一句话陡然在心底浮现："教学生怎样对待爱情，这是教育工作中最细腻的一面。它要求教师有真知灼见，把教育技巧与教育艺术结合起来。"想到这里，我心里有底了。

我呵呵一笑，故作轻松地打趣道："你眼光不错嘛，还真是一对'才子佳人'的绝妙组合呢。"一抹欣喜而又羞愧的神色从小溪的脸上滑过，他不好意思地继续表白道："老师，说句真话，她人挺不错的，漂亮、文雅、学习成绩又好。如果您也觉得我们合适，赶明儿我就要向她表白了。"

哦，想不到现在的孩子做事还挺有主见的，雷厉风行，即使是我们成年人都羞于启齿的两性交往，在他们眼里也相当稀松平常。这更给我的说服教育工作带来了巨大的压力。"表白？你觉得喜欢一个女孩就非得向她表白不可？你说说看，如果向她表白的理由充分了，老师支持你。"我依然不表明自己的态度。作为一个当了十多年班主任的老教师，我当然明白，青春期学生产生爱慕异性的情愫是再正常不过的事了。虽然心知肚明初中生早恋是一场只开花不结果的游戏，是令当事双方疲惫不堪、伤痕累累的痛苦体验，但太直接、太决绝的回答，却一定不会带来好的教育效果。就好像是伊甸园的青苹果，外表看起来甜美，任谁都不会相信它的味道竟那样苦涩。"我也知道自己向她表白的理由不充分，但我确实很喜欢她，这种情感不表白出来，闷在心里就好像有个小兔子在心里跳个不停。"他声音低低地说。"哦，挺时髦的，这种感觉老师读高中时有过，这叫怦然心动的感觉，青春期男女大都会有这种体会，不足为奇，只不过你比老师当年早熟得多了。"我进一步打趣他。他也不好意思地笑了。

我见他似乎有所醒悟，进一步点拨道："让老师跟你一起假设一下，你向她表白后可能出现的两种情形吧。情形一：她对你也情有独钟，一旦你捅破了这层窗户纸，'心有灵犀一点通'。自此，你们沉浸于卿卿我我、花前月下的浪漫生活之中。但早恋过程难免会出现矛盾和冲突，使得你们无时无刻不在感情和道义的双重选择中苦苦挣扎。你们不敢正视现实，或逃避众人惊异的目光。这就会造成你们的双重人格障碍。'小树多枝难结果，小路多岔易丢羊'，由于早恋，势必会影响你们的学习质量，乃至一生的生活和事业质量。都说'贫贱夫妻百事哀'，爱情取代不了面包，你们总有直面现实生活的一天。如果有那么一天，她后悔当初对你的轻率应允，义无反顾地离你而去，你不是'赔了夫人又折兵'，又是什么呢？如果你觉得为了摘取那枚青涩的橄榄牺牲一生的事业和追求值得的话，你明天就向她表白了吧。"

他沉吟半晌，下决心似的说："这样的牺牲未免太大了，我不能这么快就向她表白，至少明天。"我笑笑，为他的顿悟。但他似乎并未完全死心，追问道："另一种情形呢？老师。"

"另一种情形，对方根本就蒙在鼓里，对你一点感觉也没有。你突然找她表白你如何喜欢她、如何爱她，一个正派的女孩一定受不了，她一定会从心底里鄙视你、远离你，自此视你为陌路人，好端端的同学关系因而蒙上阴影。你愿意面对这样的局面吗？"他无可奈何地笑笑，求助似的问道："老师，难道让我的这段感情就此夭折吗？再没有别的选择？"我说："难道她在你的眼中真的就那样完美无缺？试试找找她身上的缺点吧，也许，时间会给你一个明确的答案。"

两个月后的一天，小溪又找到我，极认真地对我说："老师，想不到您的办法挺管用的，我渐渐发现，她有许多缺点是我不能容忍的。她爱哭鼻子，一丁点儿大的事，她能哭个稀里哗啦的，真让人受不了；她还爱吃零食，嘴巴一天到晚总不得休息，吃完后果皮纸屑又爱随手乱丢，更让人受不了。现在，我不再像以前那样喜欢她了。"我抚摩着他的脑袋，高兴地说："孩子，你长大了，能独立解决生活中的难题了。但她也并非如你想象中的那样一无是处，每个人都有优缺点。你还是以看待一个普通同学的眼光来看待她吧，往后你们接触的时间还很长，你一定要端正你的心态。"他重重地点点头。

现在他们已走入了社会，还一直保持着纯洁、友好的同学关系。

中学生的恋爱大多是无言的结局，是始于玫瑰终于眼泪的游戏。身为班主任，要特别审慎地对待学生心中萌发的性意识。面对早恋，班主任板着面孔说教、训斥，只会推波助澜，使学生越陷越深；假定某种情境，由此推断出情理之中的结局，让孩子悬崖勒马，不再飞蛾扑火做不必要的牺牲，才是理智的态度。

性是一个敏感的话题，许多班主任视之如洪水猛兽，唯恐学生与之沾上了边。其实，性是人类社会繁衍生息的根基，是伴随人生的本能。青春期的中学生出现两性关系的朦胧情愫，是十分自然的。中学生的两性心理太敏感、太脆弱，经不起任何的风吹雨打。处理青少年的情感问题，不应一味否定、压抑，而应冷静、科学地了解它、解释它、驾驭它。这就要求班主任有智慧和才干，有更多的同情心和更广博的知识。除做合理的限制外，在具体问题的处理上应巧妙进行疏导，淡化他们对性的神秘感，转移他们的注意力，将这种情感引入到发展学生智力和树立良好的思想道德品质的轨道上来。

案例中的班主任就为我们做出了很好的表率。其一，态度和善、语言幽默，把学生当作朋友，因此，学生愿意将这段最隐秘的感情向他倾诉。其二，方法巧妙，避免正面说教，假设两种情况会产生什么样的结局，不下死结论，给学生留下足够的自我思索余地，促其内省。其三，合理监管，促使学生冷静，避免学生往歧路越走越远。因为以上方法贴近学生内心，自然会产生很好的教育转化效果。

第七章

心理辅导篇

1. 从旁观者到承担者

刚刚下课不到两分钟，就有孩子惊慌失措地来报告："不得了！唐唐把小林的脖子拧断了，动不了了！"

咳！我真不知道该怎么说这个唐唐，昨天才在玩耍中把一个同学的下腹踢中，那孩子半天没缓过气来，结果害得唐唐妈请假带受伤的孩子去医院医治，又是赔钱又是道歉。唐唐完全不知道当时妈妈那尴尬的样子，不知道事态的严重，自己闯下大祸，还是旁观者的样子。难怪昨天的承诺现在早随风而去了。

"旁观者！"这三个字在我脑海中闪过，怎么能这样呢？唐唐应该对自己的行为负责。我一边火速赶到出事现场，一边思考应对之策。

小林一只手扶着脖子，歪着头看着我。一看这情形，我心里松了口气，知道不是孩子们说的"拧断了"。但是我却一脸沉重，说："天啊，这可怎么办？这颈椎部分特别脆弱，弄不好要出大问题的！"本来没什么反应的唐唐听我这么一叫，脸上闪过了一丝惊慌。

"你一定要和我们一起到医院，因为你得给医生讲清楚事情的经过，说清楚弄伤小林的方式与弄伤他的位置，赶快去给这节课的老师请假。"我严肃地对唐唐说。在他收拾东西的片刻，我躲在一旁给唐唐妈打了个电话，如此这般交代一番，唐唐妈心领神会。然后再通知小林的妈妈立刻到医院去。

医院近在咫尺，刚出校门，我便装模作样地掏出电话（其实是打给一个朋友）："喂，我想向你咨询一件事啊！一个孩子的颈椎被弄伤了，这个问题严重吗？"我瞥了唐唐一眼，他果然在侧耳偷听。"什么！可能残废！头永远都不能动了！"我"惊恐"地喊。唐唐的头刷的一下转向了我，我佯装没看见，继续对一头雾水的朋友说："啊！最严重的是出人命，导致死亡！"此话一出，唐唐的脸立刻变白了。"不说了，不说了，那我要赶快

送他去医院。"我"心急如焚"地挂断电话。

再看唐唐,他几乎傻掉了,但我没打算放过他:"刚才我问了一个医生朋友,你也听到了。"我一脸凝重地对唐唐说。他无力地点点头,不知道该如何是好。"我们现在只能祈祷小林没什么事。你们现在都是独生子女,要是小林有任何闪失,你想结果会怎样?"唐唐无语。我继续悄悄地对他说:"听说小林妈妈脾气很暴躁,你要做好准备,因为是你错了,要是她冲你发火我也没办法!"唐唐只剩下点头的力气了。

赶到医院,双方家长都已到齐。唐唐妈按我们的约定,当着唐唐的面,给对方一个劲地赔礼道歉,那副委曲求全、低声下气的样子,哪里还有平日里当领导的样子。看到妈妈的窘迫,唐唐的眼泪在眼里直打转。但是妈妈一句话也没说,只让他去排队交费,找医生,向医生解释经过,听医生的吩咐。

在等待拍片结果的时候,唐唐焦灼地在诊断室门口徘徊,当听到念小林的名字时,他激动地大叫:"在这里!"即刻冲上前去看结果。知道没什么大问题,他长长地出了一口气。

从医院出来,我叮嘱唐唐:"你妈妈、林妈妈和老师都不能时刻在小林身边,在他恢复期间,你得保护他不再受任何碰撞。"唐唐点头应允。

在接下来的一周里,当我眼见唐唐放弃玩耍时间,将靠近小林的孩子一个个拖走时,我知道那个旁观者唐唐已成为一个承担者。

由于年龄的限制,缺乏生活体验的孩子常常无法看到事件的后果,而造成一些无心之失。尽管童心可以谅解,但是严重的后果往往让人扼腕叹息。面对孩子的失误,气急败坏无济于事,苦口婆心也难触及内心。干涩的说教远不如生动的自我体验更具说服力,可行之道是让孩子正视自己犯下的错误,让他为自己行为的后果负责。通过情感体验,引发其内心深刻的共鸣和反思,继而使其约束行为,养成习惯,才能改变自己与他人的命运。

2. "分享快乐课"

孩子们说:"班里有一个人,是用鼻孔看人的。"

"用鼻孔看人?"我问。

"是的,"一个孩子轻轻地仰起头,眼睛看着天花板,目光里显出傲然的神色,然后说,"喏,这是这样的!"

我心念一动,突然想到了:"你们说的是小俊吧?"

孩子们说的没有错,小俊用鼻孔看人,已经不是一天两天的事了。

即使在此刻,站在我面前的他,也依然习惯性地仰着头。

我伸手在他面前晃了晃:"小俊,天花板上有大戏看吗?"

"大戏?"他依然仰头道。

"没有大戏看,你老看天花板干什么?"我笑道。

"嘿嘿,"他终于把视线从天花板上移下来,看着我的眼睛,明朗地笑了,"老师,您怎么也来取笑我?"

"'也'是什么意思?"我浅笑道。

"哼,班上有一些人,尽编瞎话来取笑我,这我是知道的。"他气鼓鼓地说。

"你怎么知道是瞎话?"我笑出声来,"说你用鼻孔看人,没冤枉你呀!"

"老师,您不知道,"他并不生气,"不是我看不起他们,实在是他们太浅薄!"

"这话怎么说?"我接道。

"他们连 F4 都不知道,不是太浅薄吗?"

"你是说 F4 方程式?"我轻笑道。

"咦,您居然知道?"他惊奇地说道。

"略知一二。"我作出淡淡的表情，心里却暗自庆幸：好在事先我已经了解到他是一个赛车迷，否则今天难保不把 F4 和言承旭挂钩。

"您知道兰博基尼吗？"他神采飞扬起来，"兰博基尼！蝙蝠，我最喜欢的赛车！"

"就是那个由费鲁吉欧·兰博基尼创立的品牌？"我在记忆里搜索着，"为什么又叫蝙蝠？"

"呵呵，"他兴奋得眼睛发亮，"因为它的车门打开的时候，就像张开双翅的蝙蝠呀！"

"难以想象！"我感兴趣起来。

"嗯……"他皱着眉头，思量半天，终于下了决心，"我爸爸给我买了一个蝙蝠的车模，改天我带来给您看一看，您就知道它有多酷啦！"

"真的吗？太好了！"我看着他，"不过这么酷的东西只给我一人看未免太可惜，为什么不让大家都开开眼呢？"

"他们？"他又看天花板了，"他们怎么能理解……"

"你不试试，怎么知道他们不能理解？"我打断他。

"也是，"他踌躇起来，"可是……我实在太喜欢那个车模了……"

"你怕他们把车模弄坏了？"我替他把话说完。

他尴尬地冲我笑笑，轻轻点了点头。

"那你就想一个既可以保护你的宝贝车模，又能让大家了解这些知识的方法呗！"我慢慢地说，"喜欢一件东西，是一件快乐的事。与他人分享这种快乐，你的快乐就会加倍。为什么不试一试呢？"

小俊盯着我看了差不多一分钟，终于点了点头。

足足用了两个星期的时间，小俊的"十大赛车"介绍资料才准备好。班队会上，他很开心地向大家介绍了他喜爱的那些赛车，更让大家高兴的是，他还把那个精致的车模拿出来向大家详细地介绍了一番。

整个过程中，他都是真诚的，眼睛看着班上的每一个人。

下课了，同学们围了上来，几个男生甚至伸手摸了那个往常他从不给人看的车模，笑声在教室里回荡了很久很久……

周末，我去拜访小俊的 QQ 空间，发现了一篇新的网络日记，题目是

"分享快乐课"。小俊给我的这节课起了个有意思的名字：分享快乐课。日记里记载了这次介绍会的全过程，字里行间充满了快乐的情绪，日记的结尾，他用一句话概括了全文："当我把我的爱好和班里的63名同学分享时，我发现我的快乐不再只是埋在我一个人的内心，而是充满了整间教室，这种感觉真是太美好了。"

我的心瞬间变得轻松了，我知道，那个用鼻孔看人的孩子已经消失了。如果可以把目光投向人群，谁还会去看那单调的天花板呢？

陶行知说："集体生活是儿童之自我向社会化道路发展的重要推动力，为儿童心理正常发展的必需。一个不能获得这种正常发展的儿童，可能终其一生只是一个悲剧。"在班级里，纵容某一个人孤立自己的方式则更不可取——哪怕这种孤立是他自己的选择，哪怕这种孤立是源自他的出类拔萃——因为真正的教育必须让孩子拥有一种足以应对整个人生的健康心态，而集体精神的缺失，必将成为他今后人生中最大的绊脚石。

所以，更多的时候，我们要记得做一项工作，那就是：为每一个孩子打通那扇把他与周围世界隔开的厚墙。比如上一节"分享快乐课"。

3. 不做孩子的"保护伞"

　　傍晚的办公楼里已经人去楼空，我也正收拾东西准备回家，小鹏就是这时出现在我面前的。他稚气的脸上有着前所未有的沮丧。

　　"老师，我求您件事儿行吗?"他说。

　　"什么事儿?"我问。

　　"是这样的，昨天，我去了一趟小文家，结果，把家里的钥匙弄丢了。"他慢吞吞地说。

　　"那你到小文家去找呗!"我说。

　　"找了，没有。"他低头道。

　　"那就在路上找一找。"我又说。

　　"这么长一条路!"他惊道，"我……"

　　"你想让我帮你一块儿找钥匙?"我推测他此行的目的。

　　"那倒不是。"他否认道。

　　"我觉得，这事儿你应该和你父母商量一下……"我想了想说。

　　"他们已经知道了。"他的眼圈开始发红了，"我妈妈说，今天我要是找不到钥匙，她就把我赶出去!"

　　"你妈那是说气话，怎么能当真呢?"我安慰他。

　　"不是气话!"他说，"我看得出来，我妈是真生气了。"

　　"那你找我……"我疑惑起来。

　　"您……您能不能给我妈妈打个电话?"他可怜兮兮地说，"叫她不要把我赶出去。"

　　"这……恐怕不行……"我犹豫起来，"你妈妈不是我的学生，未必会听我的。再说，我不相信你妈妈真的会把你赶出去。"

　　"就算不把我赶出去，一顿骂肯定是少不了的。"他担忧地说。

见我不说话了，他的泪突然就涌了出来，像决堤的水。他并未伸手去擦，但显然在偷偷观察我的表情。

那些突如其来的眼泪让我突然明白了一件事：这个聪明的少年，早就知道他那成天板着脸的班主任其实是很喜欢他的，否则他不会选择这个时刻在我面前提出这个要求。此刻，流淌的眼泪不是他宣泄感情的方式，而是实施计划的工具。当然，这并不可耻，趋利避害是人的本能，初生婴儿尚且知道用哭来达到自己的目的……想到这里，我在心里轻轻地笑了：我的这个身高1.45米的学生，解决问题的水平还停留在婴儿阶段呢！

"好了，别哭了！"我皱着眉头说，"你今年已经11岁了，又是个男孩子，遇到事情只会哭吗？"

他赶紧止住了眼泪，不好意思地看着我。

"事情已经发生了，哭是没有用的。你让我打电话给你妈妈，这是一个解决问题的办法，但这个办法不好，因为祸是你闯的，不能拿老师做你的挡箭牌。"我慢慢地分析道。

"那……"他不由得抓了抓后脑勺。

"一人做事一人当，所以，你得自己解决这件事儿。"我果断地说。

"怎么解决？"他一脸茫然。

"首先，你得想尽一切办法去找那串钥匙。"我说，"如果找到了，你就不用担心你妈妈会把你赶出去了。"

"如果没找着呢？"

"如果没找着，"我慢慢地说，"那你就得分析一下，该怎么将功补过。"

他认真地听着。

"首先，你得诚心诚意地向你妈妈道歉。如果在道歉的过程中，她说了什么你不爱听的话，你得忍着，不能和她顶撞，因为你有错在先。你给你妈妈造成这么大的麻烦，当然得让妈妈骂几句出气。"我说。

"她骂完呢？"他问。

"这时，你得想一想了，最好能想起来钥匙丢在什么地方了。"我继续分析，"因为不排除认识你的人捡了钥匙，如果是这样的话，为谨慎起见，你们家得换锁。"

"换锁?"他一惊,"不是再配把钥匙就成了吗?"

"如果这么简单,你妈妈能气成那样儿吗?"我摇了摇头,接着说,"如果要换锁的话,我觉得你应该出一部分钱……"

"我哪里有钱?"他轻声叫道。

"你自己想办法吧!"我又摇了摇头,"谁的钱又是从天上掉下来的?"

"嗯,"他思索起来,"对了,我有个存钱罐,里面还有些钱,可以拿出来用。"

"这主意不错!"我赞赏道。

"我爸爸说,如果我考试得90分以上,他就给我10块钱,这个,可以争取一下!"他的眼睛亮了起来。

再次碰到小鹏妈妈的时候,她正在超市购物。

"小鹏这孩子好像突然长大了!"她高兴地说,"说什么要将功赎罪,已经洗了一个星期的碗啦……"

小鹏妈妈只顾说,没有发现站在旁边的小鹏正调皮地向我眨着眼睛,一抹笑意正在他白皙的脸上荡漾开来。

"他的确是长大了一点儿。"我也笑了。

请看一则有关禅的故事:

有个人感到非常苦恼,于是他背上行囊去找法师,让法师帮他消除苦难。法师听完他的诉说后,说道:"真正能够让你解脱的,只能是你自己。"

那人不解地问道:"可是,我心中充满了苦恼和困惑啊!"

法师慈悲地解释道:"是谁在你心里放进了苦恼和困惑的呢?"

这个人沉思良久,没有说话。

法师说:"是谁放进去的,就让谁拿出来吧。"

对照这个故事来看我们小学的班主任工作,我们不难发现,在我们的工作中，充满了"越俎代庖"式的爱心故事，独独缺乏"授人以渔"式的指引与放手。

我们的心里充满着对孩子的爱，不忍看见他独自面对问题时的无助，所以总是忍不住要在风雨中给他撑一把伞，让他毫发无损到天晴。殊不知，我们的这种爱，有时对孩子的未来成长而言，其实是一种更大更深的伤害。

当孩子来求助的时候，让我们硬起心肠，只在他耳边授予他行动的指南，然后背过身去，让孩子独自去解决面临的问题。也许起初会让人觉得残忍，但对孩子的成长来说，这种方式无疑是对他最大的支持。

4. 让孩子走出孤僻

　　静是一个成绩优秀的学生，各科成绩都名列前茅，和许多这样的学生一样，她总觉得凡是与学习无关的事都会给她造成负面影响，她信奉"两耳不闻窗外事，一心只读圣贤书"的古训。在书的世界里，她有她的充实，但她的性格却常常使她孤独着。

　　怎样引导她走出孤独？

　　应同学们的要求，刚考试完的那天晚上，我们举行了一次以文艺活动为主的班会课。刚刚进行完紧张的复习考试，大家绷紧的弦好不容易找到了一个放松的机会，学生们聚在一起唱啊跳啊，教室里充满了欢乐的笑声。然而，只有静一个人静静地坐在一角，以一个旁观者的身份看着众人的表演，她置身于这个热闹的场面之外，神情落寞，不断地把手伸到桌子里，我想她一定是想掏书出来，这个喧哗的场合不属于她，只有在翻动书页时，她才会找到心灵的安慰。但碍于其他同学，她一次次伸出的手又一次次地缩了回来。就在这时，主持节目的同学可能也觉察到了这种情况，他为难地看了我一眼，我信任地对他点点头，他领会了我的意思，提议让静表演一个节目。静明显不高兴，板着脸站起来，在掌声后朗诵开了李清照的《声声慢》，忧郁的语调很快弥漫了整个教室，欢乐的气氛一下子安静起来。她朗诵完了，头一甩回到座位上去了，但身后却留下一片寂静，大家都沉默地看着我，不知道该不该继续进行下去。多亏主持人很机灵，又将话题扯了回来。但那以后，静与同学的交往几乎成了空白。

　　那天，语文考试成绩出来了，静拿了最高分，她终于露出了笑容。我走过去，轻轻地对她说："祝贺你，我上中学的时候作文远远不如现在的你。"她兴奋地看了我一眼，说了声"谢谢!"然后又低下头沉浸到书里。

我邀请她到外面走走，阳光温煦地从对面的楼顶上射过来，照在她残留在嘴角的笑意上。我真诚地俯下身，对她说："老师有件事情想请你帮忙，可以吗?"她明显感到意外，惊异地抬起头来望着我，"是这样，我本来说好今天检查一下城的课文预习情况的，可我要去开会，你能不能帮我检查一下呢?"看她好像有点犹豫，我补充道："可能需要五分钟，你要是怕耽误学习，我找其他人吧。"一听说是五分钟，她点点头答应了。城是个男孩子，她的同桌，很活泼，人缘很好，但学习相对差一些。当初正是为了她，我才把很不情愿的城调到她旁边的。我布置的一向都是个性化的作业，同学与同学之间作业内容不尽相同。那天，我有意给城补充了几个课外题，估计是静也不太熟的题。我想让她在帮助别人的同时知道自己存在的不足，也许在与同学的交往中她会发现自己的不足。此事过后，我还特意对她表示了感谢，我看到她好像有话说，但又没说出来。后来，我又请其他学科老师也做了类似的事情，请她把一些比较难的题给同桌讲明白，占用的时间也都是她不太忙的时候。这以后，我惊奇地发现她竟然开始主动地帮助同桌了。

教师节的时候，我特意做了个明信片，当着全班同学的面给了她，我说："城是个很好的同学，他力求上进，想努力提高自己的成绩，现在他终于有了很大的进步。这是因为有一个人对城的进步，起到了老师的作用。今天是教师节，我愿代替城把对这位老师的感激之情表达。"静红着脸站起来，在同学们的掌声中接过了明信片。当天晚上，城居然也给了她一张表达感激的明信片。这次事件可以说是她的转折点，从那以后，静开始与人交往了，慢慢地脸上增添了微笑，也开始关心集体了……有一次，我找她聊天，问她为什么会有这样的转变。她说，帮助他人并不用花很多时间，在帮助别人的同时自己也会有很多收获……我欣慰地笑了。

案例反思

让一个习惯了孤独的人走出自我的世界是很困难的，让一个每天在个人的心湖中泛舟的人走上岸来也是很困难的。教育者要从生活中的一些小事抓起，就如同为静这样的学生搭建起通向外界的桥梁。让我们帮助那些孤独的孩子最终走出自我，走向世界！

5. 做"优秀生"的心理保健医生

优秀学生，是相对于一般学生而言，通常指那些在德、智、体、美、劳等方面全面发展，并走在大多数学生前面或某一方面有突出表现的学生。但是，优秀学生并不是十全十美，他们的先进因素中也潜藏着阻碍进步的因素。因此，给予他们适度的、正确的关注是不可缺少的。

上学期开学，新接了五年级（2）班，担任班主任不久的我，对班级情况不太了解。学校要组织一次"爱祖国、爱家乡"的演讲活动，这对我这个新班主任来说是个很大的挑战，我从心里很重视，但同时也有点担心，怕自己组织不好。我去找熟悉班上情况的语文老师商量对策。语文老师极力推荐班上的张某某同学，说该同学音色好、胆子大，平时朗读课文很有感情，而且经常参加这样的大型活动，很有经验，是最好的人选。我想："这么好的机会让她在全校师生的面前展现自己的才能，她一定会特别高兴的。"

课堂上我宣布了演讲比赛的事，征求同学们的意见，同学们也异口同声地推荐张某某，可是我发现她的热情不高，不像我所预想的那样。于是，课下我找到了她，我说："大家都想让你代表我们班去参加比赛，怎么样？"可是还没等我说完，她不假思索地回答："老师，我不想参加！"这着实让我大吃了一惊。她表情木然地看着我，沉默了一阵，我意识到她可能有难处，便问道："你能告诉我你不想参加的原因吗？"她注视着我，好长时间都不说话。再三追问之下，她终于开口了："我怕影响写作业，还要背稿子，很麻烦，会耽误我很多的时间。"她实话实说，我有点生气，但源于没有人选，对她没有死心。接下来的几天，我做工作、继续开导她，结果还是令我失望。

这背后到底是什么原因呢？我了解到，她在班里各科学习优秀，多才多艺，表现比较突出，思维活跃，全面发展。但是这个同学骄傲自负，像个骄傲的小公主，有时候对老师交代的事情不认真对待，甚至连老师也不放在眼里，而且听不进任何劝阻。

从心理学的角度分析，她在性格上有自我中心的倾向，主要表现为：有严重的自负心理，自视甚高，认为自己了不起，"我是天下第一"，不愿意跟同学、老师交往，生活中与同学、与老师交往能力比较差；以自我为中心，总是从自己的角度去考虑，自己想干什么就干什么，听不进别人的意见和建议。这种毛病的产生与家庭的过分娇宠、生活中的一帆风顺、片面的自我认识有关。

我意识到，硬逼着她，肯定会适得其反，便立即采取行动，另选他人。我在班里公开竞选演讲比赛的人选，全班同学每人都有机会，竞选的时候先声明：自愿为班集体增光添彩的同学请报名。经过同学们的一致推选，选出了5位同学。他们精心准备，语文老师和我都细心指导，并在班级里多次试讲，最终取得了高年级组一等奖的好成绩，不仅给班级增了光，也给了她一个"下马威"。

为了纠正她过高的自我定位，我开始特别注意观察她，然后针对她身上确实存在的不足进行指导。指导时讲究一些策略，不当着全班同学的面批评、指责，甚至挖苦，更多的让她看到身边同学的优点，以身边的事例教育她。对于这次演讲比赛，我是这样说的："参加这次演讲比赛的5位同学，虽说他们的音色都没有你好，但是他们参加演讲比赛的积极性都特别高，在演讲的准备上都下了特别大的功夫，这些你都看到了。这5位同学团结一心、互相帮助，每天互相纠正发音、语气、语调，调整面部表情，而且还独出心裁地在演讲当中穿插表演了一个小品，所以取得了最终的胜利。他们为了班集体的荣誉，牺牲了自己的好多时间，但他们在这次活动中也学到了很多东西，同时也锻炼了能力，增强了自信心，在活动中成长起来了，他们的这种勇往直前、奋力拼搏的精神值得我们大家学习。"她听了之后，虽然嘴上没有说什么，但脸上明显地流露出惭愧的表情。

之后，在学校开展其他活动时，我有意欲擒故纵，眼睛不再老盯着她。当其他同学取得成功时，我便在班里郑重地表扬，让她懂得既要看到别人的缺点和不足，更要看到别人的优点和长处，不要以为别人都不如她。这一招还真有了一点效果。看到别人都在积极参与活动，而且成绩优秀，她被触动了，做事比以前认真负责了，"我是天下第一"的霸气收敛了不少。

　　心理学研究表明："优秀生"通常富于进取精神，学习刻苦勤奋，具有强烈的求知欲和浓厚的学习兴趣。他们能自觉地克服学习中的困难，坚持学习，并形成自己的一套学习方法。由于成绩优秀，他们听到的多是赞誉之辞，得到的是家长和老师的宠爱，看到的是同学们羡慕的目光，久而久之，容易出现骄傲自大、自鸣得意、目空一切，对集体自私消极，甚至对老师不尊敬，看不起一般同学，对学习成绩差的同学不屑一顾的现象；优秀学生容易以自我为中心，常常对同学发号施令；他们往往很少关注周围同学的学业成绩，并存有戒心，不轻易与同学交流真实思想；优秀学生希望自己的学习成绩拔尖，名列前茅，生怕被别人超过；优秀学生精神上又极脆弱，缺乏经受挫折的意志品格，对失败和挫折的心理承受力较小，一旦遇到困难、曲折，很容易气馁，甚至颓废；有的优秀学生娇生惯养，不愿意参加公益活动和体力劳动。

　　为了纠正"优秀生"的心理问题，班主任可以从以下几个方面去尝试：

　　一、给学生适当的批评、惩罚。

　　现在，老师批评学生，稍有严重了，学生轻则出走，重则跳楼，家长也动辄兴师问罪，不愿善罢甘休，这不值得我们深思么？"优秀生"们的经历大多都是一帆风顺的，很少经历逆境，而且耳朵里听到的都是表扬，很少有批评的话语，心理承受能力极差。因此，适当的惩罚——必不可少，尤其是对"优秀生"。我们不能滥开罚戒，但也不能姑息迁就孩子。

二、给学生创造一点儿遭遇挫折的机会。

很多"优秀生"的心理是比较脆弱的，耐挫能力比较差。他们一旦遇到不顺利的情境，心理相当脆弱，很容易迷失自我，从过分自负转变为过分怀疑自己，自信心急剧下降。在这种情况下，他们很难客观地分析自己的处境，不能客观地评价自己所遇到的困难。这就为他们的发展带来了阻碍。因此，要给学生创造一点儿遭遇挫折的机会。但班主任在给一些"打击"，让"优秀生"体验自己的不足时，一定要掌握分寸，逐步递进，否则容易引发学生焦虑、自卑等一系列心理问题。经历适当的挫折可以使学生心理机制健全，不至于过分自负，经受不住任何打击。

三、班主任要改变自己的教育观。对于学生是否优秀，好多老师的误区是只从学习成绩上来评判。假如从学生的表现，从家长的表现上看，并不觉得他们很优秀。所以老师们首先不能有误区，认为成绩优秀的学生一定是优秀的学生。而且对于"优秀生"，老师和家长们往往只关注了他们的学习，而忽略了他们的思想品德。有些"优秀生"，他们的交往能力比较差，有些学生嫉妒心理比较突出，有些学生容易产生焦虑心理。因此，班主任首先应该进行做人教育。在平常的教育过程中，潜移默化地传达给学生一种认识，就是学生如何做人、成才，正确认识成人与成才之间的关系，只是学习成绩好，并不能说你将来就是一个人才。班主任要及时与家长沟通、交流，常常提醒、建议家长们要理智地爱孩子，科学地爱孩子，共同关注孩子的思想教育和心理健康。

第八章

个别教育篇

1. 个别谈话的艺术

今天我找了三个学生谈话。

我首先找的是力。力的家长对他的期望很高，他是我们班级中学习中等的学生。他完全有学好的能力，但就是对自己没有信心。我和力的谈话是这样进行的。

我先问："这次期末考试你预期达到的目标是多少？"

他低着头支支吾吾，半天也没说出个具体目标。

我说："一个人无论做什么事，只有有了明确的目标和必胜的信心，才能取得成功。如果连信心和目标都没有，那他做什么事都可能失败。学习也是一样呀。"

停了一下，我又轻轻地拍着力的肩膀说："你知道吗？在老师眼里你一直是一个聪明伶俐、很有后劲的学生，老师一直认为你是有能力进入我们班前三名的学生。"力用疑惑的眼神看着我。我继续说："力，你之所以还在那里停步不前，就是因为你对自己缺少信心，你不相信自己有进入前三名的实力。但我相信，如果你有了必胜的信心和明确的前进目标，不久的将来，我们班的学习标兵就又会多一个人，那就是你——力！"

力的眼神中立刻透露出了惊喜和自信。

然后我帮他分析了各学科中他的强项和弱项，提了一些学习的建议，并商定以后一起探讨关于他奋起直追的学习计划。

当力走出办公室的时候，头抬得高高的，一副壮志满怀的样子。我意识到这次的谈话是成功的。

第二个谈话的学生是艳。她是我们班学习最好的学生，一直很刻苦，今天我找她谈话主要是想了解一下她的复习备考情况。

我开门见山："艳，最近复习得怎么样？"

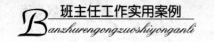

她向我做了简单介绍。

我又问："前几天你又考了第一名，感觉如何？"

她说："没有什么感觉，因为我知道比我好的学生还有很多。"

我说："那你说说，都有哪些同学呀？"

她一口气说出了十多个学生的名字。

我微微一笑，说："你的心理状态很好，要成为最优秀的学生，必须知己知彼，这样才能取得最后的成功。"

后来我又勉励了她几句，她告辞而去。

最后谈话的是阳，她是班级中学习成绩最差的女生，除了文娱活动外，其他的都是一团糟。

阳站在那里，低着头，一言不发，她似乎已经感到了我要和她谈什么。我想如果和她直接谈学习，她心理压力一定很大，甚至会产生抵触情绪。

于是，我先让她坐在我的旁边。

我拍了拍她的肩膀，微笑着对她说："你最近在听什么歌？"

她先吃了一惊，迟疑了一下，故作轻松地回答："我在听刘德华的专辑。"我说："不错嘛！在课余时间听听歌可以放松一下心情。我休息在家时也喜欢听听音乐。"她似乎一下找到了知音，问我喜欢听什么音乐。我顺口和她谈了几首名曲。

我说："一个人在不同阶段要有不同的生活重心，你现在的重心应该是学习，如果你能在学习上再多用点心，学习一定会有所起色的。你说呢？"她沉默了一会儿，小声地说："我实在对学习没兴趣，也没信心，我的基础太差了，想学也学不好。"我说："只要你现在起步，就有希望。就像爬山一样，先爬的人离山顶比你近些，但只要你开始爬了，就会上升，就会慢慢地接近山顶。但如果你总是站在山脚下哀叹，那你永远都没有希望爬到山顶。你说是吗？"她点点头："老师那你说我该怎么办呀？"我说："你要根据自己现在的学习状况，给自己定一个切合实际的目标，有了明确的目标，加上你的努力，我相信你一定会进步的。"

最后，我说："今天不早了，你先回去想想，明天我们约个时间再一起谈谈你的计划好吗？"她高兴地答应了。

案例反思

　　班主任几乎每天都要和学生谈话，个别谈话是班主任对学生进行思想教育的重要"法宝"之一。一次成功的谈话可能会改变一个学生的一生，一次失败的谈话也可能会影响一个学生的一生。班主任谈话是一项语言的艺术。

　　在和学生谈话时，应该有针对性，对不同的学生应采用不同的教育策略。对力，老师采用了激励的方法，促使他树立上进的信心；对艳，老师采用了谈心法，让她自己领悟到强中自有强中手的道理；对阳，则采用了欲擒故纵的方式，同样也会达到教育的目的。

　　个别谈话的技巧：

　　一、谈话前要有准备。

　　找学生谈话前认真做好调研工作，要了解谈话对象的思想、心理，以及社会、家庭、学习、生活环境等。根据"一把钥匙开一把锁"的原理，制订谈话方案，选择最好的谈话方法。

　　二、把握谈话的时机，精心选择谈话的时间、地点及场合。

　　当学生知错认错，试图改变，需要帮助时；当犯了错误，已经自责，需要谅解时；当骤遭不幸，悲痛万分，需要安慰时；当内心抑郁，愁绪满怀，需要排遣时；当取得成绩，满心欢喜，需要认同时；当遇到麻烦，一筹莫展，需要指点时，均是与学生谈话的最佳时机。

　　三、谈话要有明确的目标。

　　找学生谈话，要有明确的谈话主题，内容要围绕主题进行，时间不可拉得太长。

　　四、谈话时要遵循平等、真诚、尊重的原则。

　　五、要运用一定的谈话技巧。

　　方式技巧：循循善诱、目标激励、理解安慰、击中要害。

　　言语技巧：有理有据、有趣有序、有节有度。

　　情态技巧：表情亲切、手势得当、语调适度。

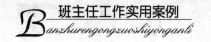

2.《水浒传》的启示

　　我曾经担任过全校出了名的乱班的班主任，该班学生纪律涣散，还总是爱对老师指指点点。一次上语文课，班上有名的闹将之一余同学在字词比赛中获得了满分，我在全班对他提出表扬，由于我刚接这个班，对这名闹将的"本领"只是耳闻，从未目睹过，今天，可真是让我大开眼界。只见余同学听到表扬后，迅速地从座位上跳起来，从后面跑到讲台前，手舞足蹈，引起全班同学哄堂大笑。我"耐心"地把他请回到座位上，并语重心长地说："人高兴就会用各种方式表达自己的喜悦心情。你为什么不选择更好的方式表达自己的喜悦心情呢？"余同学听后，脸涨红了，不好意思地低下了头。本以为这件事已经解决了，而且也看出余同学已经接受了老师对他的教育。可谁料到，半路杀出个程咬金，余同学的"同党"王同学站出来拔刀相助："这种表达方式有什么不好？每个人喜悦的方式不同是正常现象，都一样还有什么意思？余同学并没有错！"这个"程咬金"的一番话，令我震惊。

　　王同学可不简单，虽然年纪不大，却很有主见，在班内的"四人帮"中排行老二，在同学中很有威信。在大家心目中，他是一个"行侠仗义"之人，因为前任班主任有些问题处理不当，王同学便受同学之托到校长那儿要求换班主任。面对这样一个人物，如果一味地指责、批评，不但会使师生之间的矛盾更加激化，还会使王同学和他的"同党"不服，这样不但收不到良好的教育效果，还会引起副作用，降低老师在学生中的威信；如果对此事置之不理，听之任之，不但会使已受教育的余同学又产生"回头"之念，还会让王同学继续不分是非，"拔刀相助"。那么，健康的集体舆论和良好的班风又如何树立呢？看来这件事必须要解决，而且解决方法要巧妙，不能急躁，不可硬来。

我心平气和地对王同学说："你的问题，我们课后再来探讨好吗？""当然可以！"他神气十足地坐下了。事后，我并没有急于找他，而是先向教过他的老师了解他的为人。经过其他老师的介绍，我对王同学有了一些了解，对他当天的行为就不足为怪了。

王同学是一个很聪明的孩子，很爱较真，但这种较真意识没有用到学习上，而是用在同学之间、师生之间的是是非非上，所以他的学习成绩在班内只处于中下等水平。他爱看历史名著，在四五岁时，他的爸爸就总爱给他讲《三国演义》、《水浒传》……他很爱听，也被书中那些义士们路见不平、拔刀相助的精神所折服，尤其是对《水浒传》中的武松、鲁智深更是佩服得五体投地，于是在生活中效仿他们。在班里，谁要是欺负别人，第一个挺身相助的就是他，逐渐在同学中树立了威信。但因为他年纪小，生活阅历浅，对以前的老师在教育学生中或许有过的严厉的管教，错误地理解为老师是与学生为敌。他便不分青红皂白，时时处处与老师对着干，以"维护"同学的尊严，于是我决定找他进行一次长谈。

那天，我把王同学叫到办公室，先和他闲聊，以缓解他的敌对情绪："听同学们说你很爱读历史名著，比如《水浒传》，我也很喜欢看。《水浒传》里你最喜欢谁？"话题由此展开了，他一听到《水浒传》就津津有味地谈论起来："我喜欢鲁智深、武松，因为他们为了朋友可以两肋插刀、拔刀相助……""如果他们所帮助的人是个为非作歹的人，那岂不是帮助他们作恶吗？"我不禁插话了。"当然不会，他们是正义的化身，怎么会帮歹徒作恶呢！"听到他不假思索的回答，我又问道："如果他们的朋友因本身的错误与别人发生冲突，他们还会不会拔刀相助呢？"只见王同学皱了皱眉头，沉思了一会儿，坚定地回答："不会！""为什么？"我又追问道。"因为他们是正直的人，我相信即使是他们的亲人犯了法，他们不但不会拔刀相助，更不会包庇，一定会把他们送到衙门去的。"看到他那一本正经的样子，我会意地点了点头："《水浒传》中的义士们确实令人敬佩，刚才我听了你的一番话，觉得你也很令人佩服，你是个正直、讲义气的孩子。"他不好意思地笑了。我看到师生之间的敌意已经消失了，便转入正题："那天，老师表扬余同学时，他由于过分激动，而不顾课堂纪律，做出各种怪状，引得大家哄堂大笑。他在字词比赛中获奖，是一件可喜可贺的事，他也对这个前所未有的成绩感到惊喜，这可以理解，同学们更是为他高兴，但当他手舞足蹈时，这种气氛便消失了。余同学在大家眼中不再是获奖者，却成了一个小丑，大家对他的态度也由为之高兴转为拿之取乐，他的努力、进步、成绩都被嘲笑掩盖了。你是他的朋友，你希望有这种结果吗？换一种方式表达是不是更好呢？"一番话后，王同学想了想，诚恳地说："老师我错了！"

我又接着说道："《水浒传》是我国历史名著，为众多人所喜爱，正是因为被书中那些义士们强烈的正义感折服，先有正义，才会路见不平，拔刀相助，在你身上，可以看到你力求效仿他们，但还应知道他们令人敬佩的根本原因……"还没等我说完，他就迫不及待地说："老师，我知道我该怎么做了！"他跑出了办公室，冲向操场，在人群中找到余同学，不知在说些什么，只看到余同学不住地点头。我深信，王同学不再是那个是非不分的"侠义之士"了，因为经过师生之间的长谈，他真正从《水浒传》中得到了深刻的启示。

案例反思

是非观的教育和是非判断力的培养，是德育的重要内容。故事中的王同学是一个很聪明的孩子，很爱较真、打抱不平。但因为他年纪小，生活阅历浅，便常常不分青红皂白地与老师对着干，替同学"维护"尊严。怎么办？老师经过一番调查研究，巧妙地从该生喜欢的《水浒传》入手，主要运用谈话的方式，引导学生判断是非，完成了一场"入情入理"、"进心进脑"，然而并不轻松的个别德育教育。我们和这位成功的老师一样，深信王同学不会再是那个是非不分的"侠义之士"了，因为经过老师的指点，他已经从《水浒传》中获得了某种有益的人生感悟。

3. 一次自我监督之后

月是在第二学期插班来的女孩。她很认真，也很有灵性，但是她的成绩和她的自我期望总有差距。她总想象着自己可以进入前几名，但每次考试成绩都在中上。一个学期下来，她有些不自信了。

当她来找我时，我明确地告诉她，主要是因为她的听课效率低。但她自己却不承认这个事实。她说："我觉得自己上课很认真，真的，我一直在听！"我说："那你不应该总趴在桌子上，或者是呆呆地用手抱着头……"她马上辩解："可是，老师，我那样也是在听啊，我……"我没再多说一句话，留下她一个人在那里发愣就走开了。

针对她的态度，怎么解决她的问题呢？是严厉地责骂、继续苦口婆心的劝阻、冷淡地对待……

这个问题实际上是一个学习方法问题，更是一个正确认识自己的态度问题。想让她改变自己的学习方法，首先要让她认识到自己的不良习惯。要想让一个孩子改变过去的不良习惯，直接按别人的要求去做几乎是不可能的。面对处在心理成熟时期的中学生，他们或多或少地都存在一定的自我独立性和逆反心理，在面对别人指出问题的时候，他们通常能为自己找到借口，有时候甚至是强词夺理。而这个问题的解决，除非教育者能真正做到让他们心服口服，否则是很难的。于是，我就开始寻找证据……

今天早上，我特地起了个大早在教室门口等她。

她来到后，我说："今天，我想交给你一个自我监督的任务，让你监督一下你的意志控制力到底怎么样，你想试试吗？"她没有多说，点点头。

我先递给了她一张纸，然后说："今天上午的四节课，你对自己进行一下关注，如果哪节课有小动作、走神、不认真等不良表现，你就把时间和事件记录下来，放学后交到我这里，我会给你一个满意的回答，好吗？"

她有点好奇，伸出了手。我却把手缩了回来，我说："你必须做到诚实、真实地记录自己的情况，不能给我一个虚假的记录，我同时会监督你的，你能做到吗？""能！"她果敢地回答道。我把纸交给了她。

上午的四节课中，我几次悄悄地来到教室的后门观察她，也许是因为有了特别的注意，她今天做得比较好，但我还是发现了她在数学课上的两次小动作。

中午的时候，她坐在我的面前，把纸交给了我。看得出，她很不好意思。她记录了 5 次不良行为，还比较详细地记录了时间、事件，而我观察到的两次并没有记录在里面。我微笑着说："在 9 点左右，你有两次没有记录，分别是……"她的脸变红了。

"今天上午，即使不算那两次，你应该也有 5 次不良表现吧？"她点点头。

我继续说："那你算一下，半天是 5 次，你大概一个学期要这样走神、做小动作几次呢？"她低头算着，不敢说话。

我笑着问："怎么了？是多少？"她吞吞吐吐地说："是……是……100 多次，老师，我……"

我继续乘胜追击："这些不良表现的害处你应该知道，那你觉得这对你的学习影响大不大？"她低头不语。

"那你知道，你为什么会有这样多的不良表现吗？"我问。她摇摇头。

我说："我告诉你，这是因为，你常常无精打采地趴着听课，虽然说那也是听课，但是那很容易形成一种被动的学习情绪，而且也给你造成了很多走神的机会，所以你上课才……你的学习成绩才……"她静静地听着，有点明白了。

为了让她真正地信服，我说："今天下午，你尝试一下这样听课，在老师讲课的时候，你时刻想着一个问题——我要最早地回答出老师的问题。你用这样的方式听课，看看结果如何，好吗？"她答应了。

下午第一节课刚结束，我马上找到了她，笑着问她："怎么样？这节课你走神了吗？"她说："没有，我按您的方法做了，效果很好！我抢答了老师提出的好几个问题呢！"

我说："太好了，以后就这样听课，好吗?"

"好!"我转身走了。

"谢谢老师!"身后传来她感激的声音。

之后，在我的不断帮助和关注下，她的学习成绩有了新的起色，她也能正确地对待自己的不足了。

"江山易改，本性难移"。要改变学生的不良学习习惯，首先要让他们在意识上有所改变，否则即使他们能暂时按照老师的建议去做，那也仅仅是一种行为上的改变，坚持不了多久。

因此，在案例中，老师就从她的意识入手，让她自己监督自己，进行自我取证，这样她自己就可以对自己的行为进行判定。当她还没体验到正确的做法能给她带来什么收获时，她仍然不会有认识上的本质改变。于是，老师又建议她去做一次体验新方法的实验，并及时和她进行了沟通，使新方法、新认识及时得到巩固。接下来，对她的教育就应该很顺利了。

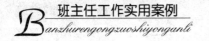

4. 给他条"冷板凳"坐坐

天生丽质，有时是一道美丽的风景，有时又是一条招惹麻烦的导火索。

下午，我正在备课，"校园一枝花"——教美术的梅老师（女）走进了我的办公室，气冲冲地对我说："刘老师，你班的美术课我没法上了。我刚走进教室，就听到几个男同学冲着我大叫'美女'，我气不过，质问他们怎能这样称呼老师，你班的班长回答说：'我们上网聊天都习惯使用简称，教美术的女老师自然就简称美女了！'尤为让人气愤的是，你班的班长唯恐天下不乱，领着几个男生起哄：'美女，美女，我们天天想你。'"说到这里，梅老师伤心地哭起来……

班长张三带头起哄？我的脑海中不由浮现出一个机敏过人、成绩优秀，而又清高自负的学生干部形象。张三，家境富裕，是家中的独生子、"小皇帝"，万千宠爱集于一身。在学校，由于长期担任班长，在学生中具有很高的威信。有时一声令下，甚至比班主任更有鼓动性。无怪乎纤弱的美术老师招架不住他的带头起哄了。

面对这一情形，我陷入了深深的思索之中。对学生过分的溺爱等于骄纵。也许对于张三这种顺境中长大的孩子，加在他身上的太多光环已让他迷失了自我，只有给他尝尝黄连的苦味，才能让他品味出蜂蜜的香甜。我决定让他尝尝"坐冷板凳"的滋味。

时机在等待中悄然来临。

五四青年节，学校举办"让青春闪光"的演讲比赛，每班选派三位选手参赛。张三本是我班最有实力的选手，他文笔生动活泼，富有感染力；形象好，气质佳，台风稳健，很有希望为班级夺得一个名次。但为了杀杀他的傲气，我故意忍痛割爱不给他上场的机会。是该给他发烫的神经浇上一瓢冷水了。比赛结果出来了，我班竟有两名同学夺得学校二等奖。少了他这根"红萝卜"，我们班照样人才辈出。张三有点心理不平衡了。接下来的几天，他一反常态：上课情绪极其低落，对班级工作毫不热心，对我这个班主任也不再亲近，一副冷若冰霜的样子。我要的就是这种效果。对他这一反常表现，我只是视而不见，一副若无其事的样子，我希望他能从这一事件中吸取教训，冷静反思。作为班主任，对学生的教育不能急于求成，多给学生一些反思的时间就等于多给自己一些解决问题的空间。

但任何事情都应把握一个适度与适量的问题。心理学研究表明，沮丧、失落、被忽视等消极情绪会在较长时间里影响少年儿童的进取与发展，甚至会影响他们人格的健康成长。张三这种在蜜缸中长大的孩子，耐挫能力极弱，一旦认为自己被冷落，很容易自暴自弃，如不及时以鼓励的方式调整他的情绪、恢复他的心理平衡，并委婉指出他的不足，对他的意志、情感、性格等人格品质的发展会产生不利影响。

接下来的日子，我开始慢慢与他接近，引导他摆正在班级中的位置，并让他协助我处理了一些班级事务，他的情绪稍有好转。

周五放学后，我单独把他留下来，与他进行了长谈。我说："最近一段时间，老师发现你似乎有什么心事，总是闷闷不乐，有时还躲避老师，是不是上次没有参加演讲比赛的缘故？"他低着头，红着脸，默不作声。对上次的冷遇，他仍耿耿于怀。我开导他："其实，如果按演讲方面的特长来说，你应该是我们班的第一人选。你有这方面的特长。但老师考虑到，你是班长，以后锻炼的机会多得很。'一花独放不是春，万紫千红春满园'。因此，我把机会给了其他同学。你应该能理解老师的苦衷。当然，作为班长，你不仅要理解我，更要带动班级同学理解我们班的授课教师，譬如美术老师。"我委婉点出了没有让他参加演讲比赛的深层次原因。他抬起头，露出尴尬的笑容。他终于醒悟到自己美术课上的失态。

我趁热打铁："一潭死水中练不出弄潮儿，不经历练的雄鹰飞不上蓝天，绝境中绽放的花朵更有摄人心魄的美。人生不如意十之八九，逆境才是人才的熔炉。屈原被放逐，写成《离骚》千古流芳；孔子周游列国十四年，惶惶如丧家之犬，后一心培育学生，终成千古圣人；司马迁忍受宫刑的奇耻大辱，终于写成'史家之绝唱，无韵之离骚'的《史记》……不经几番寒彻骨，哪得梅花扑鼻香？对比古圣先贤，你这点挫折又算得了什么？"心病还需心药医，师生之间情感沟通了，相互理解了，问题也就迎刃而解了，只见他"霍"地站起来，保证似的说："老师，对不起，请原谅我对你的误解。作为班长，我真不应该在美术课上带头起哄，让美术老师难堪……"我长吁了一口气，心中一块石头落了地，这番心思总算没有白费。

案例反思

苏霍姆林斯基说过："教育者的任务是既激发学生的信心和自尊心，也要对学生心里滋长的一切错误的东西采取毫不妥协的态度。"对学生的爱，是教育工作中永恒的主题，但这并不意味着教师可以对学生采取放任自流、听之任之的态度。真正的教育应该将表扬与批评结合起来。如果你在班级管理中遇到类似的学生，不妨也给他一条"冷板凳"坐坐，说不定还真管用呢！

教育学家孙云晓先生说过："没有惩罚的教育是不完整的教育。没有惩罚的教育是一种虚弱的教育、脆弱的教育、不负责任的教育。"惩罚与表扬一样，都是教育者教育行为中常用的一种激励手法。它通过对受教育者不良行为的一种强制性的纠正，从而有效遏制其不良行为的蔓延，更好地促使受教育者健康成长。

但教育上的惩罚，不是让教师采取过激或不良的惩罚方式和惩罚行为，而是让教师以爱为前提、以学生生理和心理特点为基础、以法律法规为准绳而实施的惩罚，这是一种与"赏识"教育相一致的教育方式。

5. 耐心让他弃"恶"从"善"

　　小白是一个思维敏捷、性格开朗的学生。他有一个特别的嗜好——爱看现代玄幻小说。据他自己说，高一一年下来他一共看了170多本。一开始当我发现他看这些书的时候，我找他谈过话，他答应得很好，但并没有做到，而是将看书的地点转移到了宿舍。我了解到这一信息后，十分恼火，决定用学校的处罚条例处理他。但转念一想，他毕竟还是有进步的，世界上一蹴而就的事情太少了，更何况这是改变一个人的嗜好，嗜好的改变是很艰难的。爱读书是一个好习惯，只不过是看的书不好罢了。

　　仔细思量后，我想起了三十六计当中的"上屋抽梯"，于是我决定逼其"上屋"。首先挤占其闲暇时间。我先与各科任教师约定，每天必须检查其作业的完成情况。这样做可以让他没有太多的闲暇时间去看小说。其次努力转移其阅读兴趣。当时我们正在读《论语》，所以，在每星期的《论语》学习心得交流会上，我都指定其为主讲人，让他讲述学习心得。

　　即使这么做，仍然没有将他这一嗜好彻底改掉。我从宿舍老师那里掌握了确切的情况后，对其施行了突然袭击，在他上课的时候来到宿舍将其放在被子下与柜子里的十多本武侠小说（这名同学有一个很特别的本事，他能同时看多本书）全部"缴获"。我让宿舍老师告诉他，书被我拿走了。

　　一开始他并没找我，过了3天，也就是星期六，他借的这几本书到了应该还回去的日子，他来办公室找我了。我知道，若他不及时还书，他的100多元押金将被店主全部扣下。他站在我的办公桌前一言不发。我看他不吱声，也没理他，放学后我径直向门外走去。他还是不吱声，只是默默地跟在我的后边。快到学校门口时，他开口了："老师，您饶了我吧，把书给我，我还回去再也不看了。今天还不了，押金就都被扣了，100多块钱，是我下个星期的生活费。"

我反问道："我拿你什么书啦？"

"老师，您别逼我啦，我真的服啦，再也不看了。以前我说话不算数，您再相信我一次，这次肯定是真的。"

我反问道："真的？"

"真的，如果有下次，您想怎么处理我都行。"

看着他那认真的样子，我说："君子一言，驷马难追。"

"我肯定不会当小人的。"

"行！那我就把书还给你。你要是再看这些书，我就把你打发回家。"

看我松了口，他又急忙补充了一句："老师，我可以对天发誓，只要您把书还给我，我一定再也不看了。"

我决定继续逼其"上屋"，于是我对他说："喜欢看书是一个好习惯，我不能将你这一爱好扼杀掉。但书要分好坏优劣。从今以后每个星期我给你一本或两本书看……"没等我将话说完，他就急切地回答道："行！"看着他那急切的样子，我暗自得意，心里想，"小子"你终于上套了。于是我又说："别着急，我还没说完呢。为了证实你是否看了我给你的书，你每星期要写两篇字数分别在 800 字以上的读后感，否则，这几本书我是不会还给你的。"他苦笑了一下，立刻答应我说："行！"我步步紧逼，接着又说道："空口无凭，咱们得立个字据，然后贴在班里，如果你做不到，我就让你回家。"我说完，他又迟疑了一会儿说："行，看来姜还是老的辣，我是逃不出您的手掌心啦。"说完，我给他找了一张纸，他开始写他的保证书，具体内容如下：

保证书

我发誓从今以后再不看玄幻小说啦，如看，我就背书包回家，请老师与同学们监督。空口无凭，立此字据。

保证人：小白
2007 年 1 月 5 日

看完他写的保证书后，我又让他将"每周必须看完班主任指定的书，并写读后感两篇"填了上去。

后来他的确按照我的要求去做了。到了高二下学期，他的确改掉了这

一不良嗜好，但他看书的习惯却保留了下来，再也不用我指定书了。

　　班主任常常抱怨学生"无药可救"，常常是因为我们太急躁。我们总希望任何事情都可以通过一两次沟通就解决，但事实上这是不可能的。改变一个人的习惯是需要耐心的。但改变学生一些不良习惯仅有耐心是不够的，还需要在耐心的基础上既要转移其注意力又要予以必要的约束。只有这样才能使学生产生一种自觉心。正是这种自觉心促使学生在今后的学习、生活中强迫自己遵守承诺，时间长了，强迫就变成了习惯，习惯就会成为自然。

第九章

后进生转化篇

1. "温柔一刀"

"最是那一低头的温柔，像一朵水莲花不胜凉风的娇羞"。温柔，让多少英雄心醉神迷，让多少硬汉乖乖缴械投降。作为班主任，在对问题生的转化工作中，我也曾巧用"温柔一刀"，取得了魔法般的效果。

"新官上任三把火"，我这个新班主任上任的第一把火就差点让自己的愤怒给浇灭了。

英语课上，我正在给学生们讲解语法，同学们一个个聚精会神地听着，唯有小A趴在课桌上，两眼望着窗外，一副"身在曹营心在汉"的模样。

小A，面目黧黑，四肢粗壮，性格暴躁，且蛮不讲理，好惹是生非，故学生们戏称他为水泊梁山的"黑旋风李逵"。这样一位学生，哪个班主任不头疼？今天，本班主任上任的第一天就遇上了这"黑旋风"挡道，不让他低头认栽，又怎能在学生中树立威信？我决定先啃啃这块"硬骨头"。但我也深知，以硬碰硬，只能落个"两败俱伤"的结局。我只得委婉地提醒道："窗外迷人的风景让我们留待课后再慢慢欣赏吧。'书中自有颜如玉'呀！"我这招不点名批评，可说给小A留足了面子，他应该会识趣的吧，我期待着。可事情并不如我意料的那样简单。小A，偏是个"死猪不怕开水烫"的角色，他似乎没有听到我善意的提醒，干脆趴在课桌上翻起了"小人书"。众目睽睽之下，我顿觉颜面扫地，第一招宣告失败。

一招不灵，我只得另辟蹊径。我于是边讲课边走近他的身边，轻轻地敲了敲他的桌子——意思很明显：你"黑旋风"的头再难剃，这个面子总该给老师吧！我期待着他的迷途知返。忍让，有时可收获理解，有时却收获肆无忌惮。面对我的容忍，小A顺着竿往上爬，趁我转身时，他从盒子里摸出两把木板斧，在我背后挥舞。他滑稽的表演，逗得全班同学哈哈大笑。他还真以为自己是水泊梁山的"黑旋风"了，两把"板斧"不离左右。可惜我又不是"神行太保戴宗"，要让他心悦诚服还真不容易，我假装没事一般继续授课。我等待着他的良心发现。

多年的教学经验告诉我：面对学生的恶作剧，教师一定要调整好自己的心态，要使自己处于理智状态，切不可做了情绪的俘虏，简单冲动地处理师生关系。以高压或粗暴的方式处理问题，或许能让学生暂时服从，但他的心中依然潜伏着反抗的火种，这星星之火若成燎原之势，又岂是一时扑灭得了的？班上复归平静。但表面上的平静并不能阻止恶作剧的继续上演，我的"无能"与"软弱"更助长了他的气焰。趁我转身在黑板上板书之际，尖利的口哨声划破了教室的宁静，同学们都将目光投向了小A，几个平时与他臭味相投的学生也趁机起哄，教室里乱成了一锅粥。看来，这假"李鬼"真要变成真"李逵"了。

老虎不发威还以为是病猫，一股无名火"腾"地直冲脑门，我三步并作两步冲到了小A的座位旁，一把抓住了他的衣领，我准备好好教训教训这个放肆的学生。小A呢，也猛地从座位上站起来，大声地回应着我的挑战："怎么，要打架吗？单挑就到外面去吧！我'黑旋风'什么都怕，就是不怕打架！"说完，挽起衣袖，露出粗壮的手臂，在坚实的胸脯上重重地拍了两下，一副有备而来的模样。

说真的，对付"黑旋风"这种自认为有点三脚猫功夫的学生，我还绰绰有余。我在大学练过几年散打，同时对付两三个人都有点胜算，何况他呢！但一个教师与学生单挑，传出去岂不是笑话？这家伙今天阴阳怪气的，看来是有预谋的，他是事先掘好了陷阱，单等着我往里跳呢，我岂能让他牵着鼻子走？人是有感情的动物，教师更是感情丰富的一群人，面对学生的挑衅，情绪不激动那是假话，关键在于如何控制自己的情绪。英国作家狄更斯说过："感化在效果方面自古以来都比由偏见、愚昧和残忍而发明的腰衣、手铐、脚镣大不止一百倍。"教师就应该有教师的素质和修养。关键时刻，理智战胜了感情，我毅然决定用一个优秀教师豁达大度的胸怀去感化他，用似水的柔情去征服他。想到此处，我当着他与全班同学的面做出了一个出人意料的决定："单挑就算了吧，老师年老体衰，不敢跟你比试。再说这么多同学还等着上课呢，无端耗费别人的时间，无异于谋财害命！"对我这一不卑不亢的表态，全班同学报以热烈的掌声。形势急转直下，"黑旋风"眼看孤掌难鸣，只好垂头丧气地瘫坐在座位上。这招"四两拨千斤"一举定乾坤。看着同学们渴求知识的眼睛，我又满怀教学的热情……

课后，"黑旋风"被我叫进了办公室。我轻声说："老师不是完人，老师也难免冲动、急躁。但今天课堂上的表现，你说句良心话，到底我们俩谁是谁非？如果老师错了，我愿意当着全班同学的面给你赔礼道歉。"我柔弱而诚恳的态度终于感化了这个大大咧咧的"黑旋风"，他望着我，眼里涌出了泪水，抽噎着说："老师，我为自己在课堂上的胡闹向您道歉。我还算是人吗？面对您的一再退让，我怎能得寸进尺呢？您真诚的态度洗涤了我龌龊的灵魂。我一定痛改前非，重新做人！"他果然没有食言。此后，他像变了一个人似的，还成了班上的纪律标兵呢！如今想来，当时，幸亏我用的是"温柔一刀"的战术啊！

案例反思

道家的创始人老子在《道德经》中曾说："天下莫柔弱于水，而攻坚强者莫之能胜。以其无以易之。弱之胜强，柔之胜刚，天下莫不知，莫能行。"柔弱胜刚强，天下人都知道这一道理，却很少有人去应用它。

文中的"黑旋风"劣性十足，是匹不好驾驭的"野马"。班主任新"官"上任，就险些在他面前栽了个跟头。新班主任的第一堂课，他就事先掘好了陷阱——故意激怒班主任，让班主任在一团乱麻似的情况下情绪失控，与学生发生不应有的冲突，从而使班主任下不了台，在学生面前丧失威信。这样一来，他就可以在班上为所欲为了。虽然事先班主任也做好了"以柔克刚"的心理准备，但学生步步升级的恶作剧险些让他的情绪失控。他冲上去抓住学生的衣襟，想发泄一下心中的愤怒，这正好中了学生的圈套。

　　值得庆幸的是这位班主任有着宽阔的胸怀，被激怒之时尚不忘自己的教书育人身份，及时识破学生的"伎俩"，再次坚定不移地执行既定方针——"以柔克刚"，不跟学生一般见识，更没有去跟学生"火拼"。教师崇高的精神境界深深震撼了学生们的心，全班同学掌声雷动，"黑旋风"的"阴谋"最终败露。他不能不重新审视自己的灵魂，从而认识到自己行为的荒唐可笑，彻底改过自新。

　　这是一则多么生动而完美的"以柔克刚"的教育转化范例！

2. 棋缘

　　唐代诗人白居易有诗云："何处春深好，春深博弈家。一先争破眼，六聚斗成花。鼓应投壶马，兵冲象戏车。弹棋局上事，最妙是长斜"。茶余饭后，闲来无事，摆摆龙门阵，下下象棋，亦自得其乐。输了不必在意，赢了亦很平常，养性怡情，消磨时光。鄙人本无此雅兴，但自从年前担任初二（3）班的班主任后，我做梦都想不到，因为自己的"臭棋"竟挽救了一盘散沙的班级。

　　初二（3）班是学校有名的"烂"班。"烂"的主要原因在于玩物丧志。可不要小看了这些毛头孩子，在绰号"棋圣"的夏启的带动之下，全班男女同学为棋而疯狂。课堂上明目张胆对阵者有之，课后不做作业专司下棋者有之。接手这样一个班，我感觉自己简直是在走钢丝，在走一招毫无把握之棋。还好，下棋我好歹也算个"三脚猫"，虽只懂得马走日、象飞田、炮打隔粒子，车吃一大片，但既已临危受命，也只好许褚上战场——赤膊上阵了。教育上不是有一招"认弱接近法"吗？我何不借切磋棋艺之名，行无形转化之实呢？

　　班会课上，我故意神秘兮兮地告诉学生："本人无其他特长，但自认为对中国象棋略有研究，自从来到本校，鲜遇对手。听说我们班高手云集，特发'英雄帖'，接受本班各位'英雄'挑战。"知道我底细的人明白我在"王婆卖瓜"，不了解我的人真认为我是一等一的高手。但我若不如此自夸，又怎能让自己成为众矢之的呢？面对我如此旗帜鲜明的挑战，全班群情激愤，我这个新上任的班主任，也太不把这些"棋坛高手"放在眼里了，不给我点颜色看看，"下棋专业班"这块牌子不是砸了吗？他们一致推举心目中的偶像夏启接了我的"英雄帖"。

　　放学后，我信心百倍地与夏启摆开了战场。我孤家寡人，正襟危坐，踌躇满志。夏启呢，摩拳擦掌，自是有备而来。他身后的"粉丝"们更一个劲儿高呼："夏启必胜！夏启必胜！"我执红先行，先声夺人，攻势凌厉。夏启则气定神闲，似乎只有招架之功，并无还手之力。我一路势如破竹，夺炮、杀马、吃卒，忙得不亦乐乎。夏启的"粉丝"们不由替他暗暗着急。正当我得意忘形之时，忽然，夏启一个釜底抽薪，形势急转直下，不知怎么搞的，我的老帅四面楚歌，被围"垓下"，弹尽粮绝，只能"引恨自尽"了。我冥思苦想不得破解之法，只得认输。第一局以我的败北而告终。

我不紧不慢地摆下第二局，自我解嘲地说："谁笑到最后，谁笑得最美。刚才一局，老师是故意卖个人情给他，且看我的《梅花谱》。"其实，何谓《梅花谱》，我不过是道听途说罢了。但用来糊弄学生，效果还是蛮好的。他们一听这奇怪的招数，都暗暗替夏启捏一把冷汗。毕竟是"麻袋上绣花，底子太差"，第二局，我更兵败如山倒。可怜我的大好"河山"就这样——断送在学生的手上。我想再战，但自知只会留下更多的笑柄，只得偃旗息鼓。看来，就棋道而论，我根本就不是他的对手。但自己吹牛在先，不低头表个态、认个输，行吗？

我站起身来，态度诚恳地说："就棋艺而言，你确实比老师技高一筹，老师输得心服口服。但我有件事想不清楚，你棋艺如此了得，说明你是个聪明人，为何学业成绩总不见'芝麻开花节节高'，却总是'大红灯笼高高挂'呢？"这句话似乎戳到了夏启的痛处，他不好意思地低下了头，嗫嚅着说："我只有下棋的细胞，没有读书的细胞。我父母及前任班主任都是这么说的。"

悲哀袭上了我的心头。哀莫大于心死，一个多么聪明的孩子，由于我们教育方法的不当，竟好似看破了红尘，对前途丧失了信心。在孩子的心中，我们为什么不去播种春天，却偏偏要去播种严冬呢？播种春天，收获的是百花满园；播种严冬，当然只能收获水瘦山寒了。

想到此处，教育者沉甸甸的责任袭上了我的心头："如果说你以前的学习经历是失败的话，那么，它也不能成为你灰心丧气的理由。莎士比亚说过：'明智的人决不会坐下来为失败而哀号，他们一定会寻找方法加以挽救.'人生本来就充满了失败,但失败是成功的亲兄弟,两者往往只有一步之遥,如果我们能凭着自己坚强的意志和聪明才智勇敢地跨过失败的堡垒,你会惊喜地发现,生活中处处有'山重水复疑无路,柳暗花明又一村'的美景。事实上,下棋与读书并无冲突,周总理书读得多,下棋也难遇对手。你小小年纪,怎能自暴自弃呢?"良久,他抬起头,迟疑地说:"老师,我行吗?""怎么不行?很多时候,失败就是滔滔大江上一座很能吓唬人的独木桥,走过去了,对面等着你的就是成功。"我动情地说。"哦。"他若有所悟地点点头,眼中闪现出惊喜。"我们击掌为凭,可不许反悔哟。"一旁的学生也为我们订立的"盟约"鼓掌叫好。

此后,我不时寻找机会与夏启等棋迷切磋技艺,依然是输多赢少。一时,我的"臭"棋成为学生饭后的笑料,我却喜不自禁,因为自此以后,我班的棋迷们在夏启的带动下,渐渐爱上了学习,班上掀起了新的一轮热潮。不过这次与以前可大不相同,他们攀比的不再是棋艺高低,而是学业成绩。

案例反思

　　班主任工作是教育工作中最复杂、最琐碎的一项工作。其中最棘手的是与学生的情感沟通。而与学生情感沟通遇到的最大难题又是如何接近学生,从而使学生在心理上接受班主任。因此,采取怎样的方式方法走进学生的内心世界,显得尤其重要,"认弱接近法"就是一种较为理想的方法。

　　教育家陶行知先生说过:"我们要跟小孩子学习,不愿向小孩学习的人,不配做小孩的先生。"在学生面前,教师不能总采取一种高高在上的姿态,不能总表现出一副无所不知的神态,适当地表现自己在某些方面的无知,虚心向学生求教,更能给学生以亲切感、真实感。这样一来,也许对于班主任的教育,学生更能从心理上加以认同。

　　教育中,班主任不一定总要担纲强势角色,适当时机在学生面前表现弱势一面,或许更容易让学生接受。

135

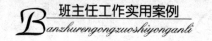

3. 第38号座位

"老师，您能让我到38号座位上去坐吗？"

"老师，我也要求坐到38号座位上去！"

星期四午饭后，我班的徐健、徐军两位同学急匆匆地赶到我的办公室，都争着要坐上38号座位。唯恐我不同意，两人都抢着说明理由。我示意两人一个接着一个慢慢讲。

只见活泼好动、个儿高高的徐健首先说："徐老师，我的学习成绩不好，经常给您惹麻烦，给班级抹黑，您对我伤透了心。老师，我知道自己不对，但我自己管不住自己，所以想到38号座位上去接受老师和同学们的帮助和监督。"说着用满含泪水的双眼望着我。这时，个儿矮小、性格内向的徐军激动起来，抢着说："老师，我想改掉吃零食的坏习惯，更想提高成绩。"说着用一双期盼、乞求的眼睛盯着我。看着两个"毛病"不少的孩子都抢坐38号座位，我内心感到无比激动，为自己的"金点子"而感到兴奋和自豪！

我们602班只有37个同学，怎么会有第38号座位呢？38号位有怎样的"魅力"呢？

走进602班，你就会发现教室后排正中间，有一张与众不同的单人课桌。这张桌子比其他的桌子高出10厘米多，桌面也大许多，桌子前方竖立着一个写有"爱心专座"四个红色美术字的木牌，"爱心专座"两边分别写有"需要同学们的帮助"、"需要老师们的关爱"的提示语！这就是我们602班的第38号座位，现已成为我班与众不同的一道亮丽风景。

第38号座位——爱心专座的设立，源于公交车上"老、弱、病、残、孕、幼"专座的启发。凡是"期待进步、期待帮助"的"留守儿童"才有资格享受"爱心专座"。在"爱心专座"上的同学将会得到以下关爱：

①每节课至少有一次被提问的机会；②教师须面批其作业；③班主任每天须与其谈心一次；④班干部须对其进行全方位的帮助；⑤所提出的学习上、生活上的问题，班主任、科任老师须立即解决；⑥优先参加班级、学校开展的各项活动；⑦坐满一周将会评为班级"进步星"。但也要受到以下制约：①自觉遵守纪律，不骂人，不打架；②上课必须专心听讲，认真做笔记；③每天须改掉一个"小毛病"；④一周内须为班级做两件以上的好事；⑤作业书写必须认真工整；⑥时刻接受全班同学的监督。

第38号座位设立一个月以来，有两位"留守儿童"在我的有意安排下，接受了"爱心"的沐浴和洗礼，取得了明显的进步。我喜在眉梢笑在心头。

出乎意料的是现在有两人抢坐第38号座位。望着徐健、徐军两位同学期待的目光，我一时难以决断。脑海中交替闪现出两位同学的情况。

徐军同学的父亲在外务工，他性格内向，学习成绩较好，与同学相处融洽，但爱吃零食，自理能力较差；徐健同学父母均在外务工，他性格外向，爱玩好动，善打乒乓球，独立生活能力强，但学习成绩较差，经常与同学产生矛盾，自控力较差，情绪波动性大，我对他付出了十二分的努力，但收效甚微！

相比之下，徐健同学更需要"关爱"。我做通徐军同学的工作，由徐健同学抢得第38号座位，接受"爱心"洗礼。

徐健同学坐在第38号座位上"老实"多了。我坚信这是一次转化的好机会，于是，我以班主任的身份立即召开本班6位科任老师座谈会，进一步明确"爱心专座"的内涵，要求科任老师尽力配合我经营好"爱心专座"；接着召开班干会，向各位班干部明确帮助徐健同学的具体工作任务和要求。

在全班老师、同学的共同努力下，徐健同学在第38号座位上坐了一周又一周，一次又一次地获得了"进步星"。看着徐健同学的成绩在不断提高，"毛病"在不断减少，"好人好事"记录在不断增加，更加坚定了我继续经营"爱心专座"的信心！

案例反思

　　这是个意味深长的故事。在这个故事中，"第38号座位"是"获得关爱、帮助和监督，争取进步，改正缺点或错误"的同义词。为了争取这样的机会，竟有同学争相抢座；而获得"爱心专座"的"问题学生"，竟能一改过去的"毛病"，获得品德或学业上"明显的进步"。这说明了什么？这充分证明了人本主义心理学大师论断的正确性：儿童天生具有"学好向善"的倾向，他们"学坏"或"不好"，是不良环境或教育影响的结果。而故事中的这位老师，也可以称为"促进型教师"高手。只要他沿着"设立爱心专座"这条路子走下去，就一定会收获到更多的教育惊喜。

4. 打破这层"壁垒"

2001学年第一学期，我担任学校的值日工作。在一次值日中，晚自修结束后，按照惯例，我到后花园去巡视，突然发现黑暗中有两个小红点，我意识到有人在抽烟，于是就快速走了过去，发现两名学生正在抽烟，其中有一名学生竟是女生。

把两名学生叫到了办公室后，我仔细打量了这位女学生，如果不是亲眼所见，我真不会把面相文静的她跟抽烟这件事联系在一起。这时，另一位值日老师进来了，第一句话就是："怎么又是你们？"后来这位值日老师把我叫到外面跟我说："这名女生已经不是第一次违反纪律了，不但会抽烟，而且还打过几次架，已经被学校里处分过几次，学校对她也没什么好的办法。"于是我有了一个想法——"挽救"这名女生。

我并没有严厉批评这两名学生，由于时间比较晚了，我让他们先回家，并嘱咐女学生第二天中午到办公室面谈。

第二天中午，我特地比平时早些时候来到办公室，发现她已经在那里等着。于是我就昨天的这个话题开始我问她答，开始她对我充满"敌意"，没有多少正面回答，为了缓解她的"敌意"，我就不跟她谈这次事件，问了她一些别的问题，开始她觉得很奇怪，但还是跟我聊起来，最后我们变成了聊天，大约过了半个多小时，我发现她有些放开了，而且很健谈。我就话锋一转，引到了昨天这件事上来，她跟我讲了事情的起因，她说这是第一次跟老师讲这些事。

原来，她在初中本来是一名品学兼优的好学生，由于跟一名男同学之间的"情感关系"，造成了学习成绩滑坡，但这时还没有养成不良习惯。后来这名男同学"抛弃"了她，情感一下子转入低谷，对生活也一度失去了信心，她也因此产生了扭曲的心理，憎恨所有的男生，并决心要报复。她几乎放弃了学业，专门跟一些男同学拉近关系，等关系发展到比较好的时候，就抛弃他们。用她自己的话说，就是让他们也尝尝"失恋"的痛苦。从这件事后，她学会了抽烟，有时一天可以抽两包，而且还有自虐的现象，我在她的左右手臂上都发现了几处圆形的烫伤，她说是每次在不开心的时候或生气的时候，就用烟头烫自己的手臂。

过了近一个小时，等她讲述完后，我发现事情并不像我想象的那么简单，但我还是决心要帮助她。于是我问："你愿意交我这个朋友吗?"她当时感到很惊讶，并说："这怎么可能呢，你是老师，我是学生。"我问她："你觉得我这个人怎么样?"她说："本来以为这次被抓住就等着挨骂了，而且已经想好了应对的方法，想不到你没有骂我，反而跟我聊天，我觉得你跟其他老师有点不一样。"就这样，我跟她做了朋友。在这次谈话的最后，我向她提了两个要求：一是如果以后有事直接来找我，不要再去做一些违反纪律的事，她答应了；二是让她不要再抽烟了，她却没答应，只是说以后会少抽些的，这一次谈话已经是很给我"面子"了，所以我也没有再强调。

在之后的时间里，她也算遵守纪律，但也犯些小错误，我并没有批评她，只是问了她事件的经过，并进行了简单的教育。从跟她的几次交流中，我发现她并没有把我当成真正的朋友，对我还是存在一定的戒备心理。

直到有一天，情况有了转机。我接到她交给我的一个"艰巨"的任务，她说要去看流星雨，是在晚上，但她知道家长不会同意她晚上出去，所以她要求我出面跟她家长交涉。这让我很为难，第一责任重大，第二怎么跟家长开口。但为了取得她的信任，我问清楚了她要去的地方及同行人员后，我决定向她家长提出伸请，并承诺跟她一同前往，尽管她家长有些担心，但还是答应了。就在这次，她彻底信任了我，我发现她在同学面前还是很活泼可爱的，跟正常的学生没什么分别。虽然因为阴天最终没看成流星雨，但她还是很感激我，在回家的路上，她又跟我讲了很多关于她以前的事及家人的情况，使我对她有了进一步的了解。

这次事情后，她性格明显开朗了很多，跟她的交流更加容易了。在这个学期里，我除了自己正常的工作，就是观察她，跟她交流，她已经把我当成了她同龄的朋友。进入她的内心世界后，我发现她的本质是很纯洁的，只是由于初中时候留下的阴影束缚了她的思想和心理，从而使她的心理产生了扭曲，据她后来所述，其实她也不想这样，只是无法控制。

经过半年多时间的交往、交流引导，她在逐渐地改变，尽管不是很快，但有改变就说明有进步。现在她已经读高三了，生活学习都很正常，学习成绩也进步了很多，最近的一次考试在班级里还排进了前5名。这样的结果让我感到非常的欣慰，至少我和她的努力有了成果。

对于那些屡教不改的学生，我们老师往往都会感到失望，对他们失去了引导转化的信心，最终选择放弃。而对于学生本人来讲，当他们犯了错误后，内心也是非常痛苦的，尤其是第一次犯错误，他们往往希望有人来帮助他们减轻内心的痛苦，但如果我们老师不是心平气和地，细致地进行分析和引导，而是采用严厉的批评方式，就会激起学生的逆反心理，从而降低教育效果，甚至有反作用。

本案例中的女生情况相对比较特殊，她在成长过程中因为没有对自己的行为做出正确的判断而误入歧途，而且她的逆反心理特别强，经过这么多事，她把自己封闭起来，已经产生了"壁垒"效应。如果按照平常的方式，很难打破这层"壁垒"，就无法进行教育引导了。

所以，老师首先是要通过这道"壁垒"——以跟她交朋友的方式消除她对老师的抵触心理，这个过程要求老师要有诚心和爱心；其次以朋友的身份跟她交流，而不是以师生的方式，这样可以让她感到更自由、更轻松，从而可以得知她的内心世界，这个过程要求老师要有耐心，毕竟问题学生是存在一定问题的，发生意外的可能性很大，要做好随时应对的心理准备；最后通过渗透的方式进行引导，以达到"润物细无声"的教育效果，学生最不喜欢的是老师跟他们讲一大串大道理，这里很容易激起他们的逆反心理，所以这个阶段必须要慢，否则欲速则不达。

5. 给"害群之马"一次机会

国庆前夕，学校正在举行运动会，我站在学生队伍里为运动员呐喊加油，忽然广播里通知我去校长办公室。

一进门，校长就递给我一份学生处理意见书，是关于对我班学生辉的处分。我一看那上面写着的"开除学籍"四个字，心里就咯噔一下。校长说，这是学校的初步意见，现在征求我这个班主任的看法。

校长见我顾虑重重，就让我考虑一天再做决定。此时，我忽然想起前几天辉给我说起他过去的一些事情，我就果断地与校长说："给我一个面子吧，暂时不要宣布给他的处分。"校长迟疑了一会，会意地说："这个面子就得看你了。"

在别人眼里是"害群之马"的辉，在我的观察了解中却也有着不少"亮点"，比如，他乐于助人，重情义，集体荣誉感强，在体育方面有专长。几天前我找他谈时，他曾坦诚地对我说："其实我很想做一个好学生。以前我读初中时，本来学习很好，进了重点班，在班里成绩总是名列前茅。后来交了一些爱玩的朋友，玩来玩去就掉队了，弄得现在老师讨厌我，同学看不起我，父母也骂我。所以我既不喜欢上学，也不愿待在家里。"能够这样认识自己，说明他还有上进心的。

我心情沉重地走出校长办公室，广播里传来辉夺得100米短跑冠军的消息。我心里为之一振。如果我是这个学生的家长，我一定不愿让他离开学校，现在我是他的老师，教书育人的责任和我的做人准则都在要求我，一定要尽最大努力把他从危险的边缘拉回来。

当晚，我来到辉的家。辉的一家热情地接待了我，他父母还说孩子曾高兴地跟他们谈过新班主任。这个消息更让我增强了帮他改错的信心。当我大致说明来意后，还未说出"开除"的字眼，这一家三口就猜到了事情的严重性，全家气氛陡变，犹如平地起风波，大人骂，孩子哭，我劝了好半天才让他们安静下来。大家开始冷静地面对现实。辉父唉声叹气道："孩子不争气，学校不要了，我们不怨老师和学校，只怪自己没管好。可是孩子还没学到技术，出门打工都困难，怎么办呢？"我问辉有什么想法，他只是摇头落泪，茫然无措。我知道他心里一定舍不得离开学校，就启发他："你有很多朋友，朋友对你好吗？""挺好的。""怎个好法？举个例子看。""我想玩游戏机又没有钱，他们就会出钱请客让我玩。""你明知道跟他们玩多了会影响学习，可为什么总是随叫随到？""我不去就是不给他们面子，也就算不上朋友了。""你觉得世上的人谁对你最好？""当然是父母。""你是最讲面子的，也知道世上只有父母对你最好，可你为什么单给朋友面子却不给父母面子，让他们因为你的学习落后、不守纪律而在人前失掉面子呢？为什么不给自己面子，好好地做个人人称赞的学生？你知道自己的弱点和缺点，也有上进心，就是缺少改正的决心和行动。现在学校就要对你做出处分的决定了，如果改过自新，也许这是一个机会。"

过了一会，我又补上一句："有个朋友想帮助你战胜困难，但她怕你知错不改，不给她面子，让她将来在工作和生活中都会没面子。你若给她面子，就先写份保证书，从今天开始就按你保证的去做，好吗？"

辉愣了一会儿醒悟过来，他一边找纸一边激动地说："我一定做到，我要给自己挣回面子。"

家访后的第二天，我带着辉的保证书与校长进行了一次长谈。最后，把对他的"开除"处分改为"留校察看"。

以后很长一段时间，我几乎每天都用电话跟辉的家长联系一次，得知他按时回家，我才放心。很快，辉就像换了一个人似的，性格越来越沉静，学习越来越努力了。我终于可以放松对他的"警惕"了。

三个月后的一天，我走进教室上课，忽然发现辉的座位空着。我全身神经一下就绷紧了，难道他又旧病复发，去外面惹事生非了？我立刻打电话到他家，没人接，辉的妈妈打来电话，告诉我辉头上身上伤痕累累。我还未开口，辉就急忙说："老师，我没有惹事，您放心，这是我以前那些朋友干的，他们又拉我去打架，我不去，他们就打我。他们说了，我挨了这顿揍，与他们的关系就一了百了，以后他们再不会来找我了。"听了这些话，我流下了高兴的泪水。今天这件事对他来说既是坏事，却又是一件好事，他终于经受住了考验，战胜了过去，也战胜了自己的弱点。

一晃两年过去了，学生们毕业了。社会上有许多企业来我校招工，第一批学生经过挑选进了一家市里很有名气的民营企业，辉也在其中。在毕业典礼上辉紧紧握着我的手说："老师，去年你完全可以不留我，因为你留下了我，我才有了今天，我也一定会有一个好的明天。"我望着他充满自信的双眼说："我相信你！"

时隔几年，辉在企业里成了一个业务能手，不久还升职做了业务主管。

案例反思

后进生正处于从少年向青年过渡的关键期，最需要周围人给以正确的教育和帮助，这时候拉他一把或是甩手不管，对他的一生将会产生截然不同的影响。作为班主任老师在面对这类学生时，往往会处在两难境地：拉他一把，老师就得承担一些风险，谁能保证他能迷途知返，不再惹事生非？而班主任老师也有可能会因失败而受到别人的嘲笑，甚至受到其他学生和家长们的责怪。然而，帮助挽救一位失足的学生，这是班主任老师的应承职责，也是教师的基本职业道德。

第十章

家校沟通篇

1. 家长会的新尝试

　　家长会，是学校工作的重要组成部分，开好家长会，应该是班主任的基本功。但作为班主任，我们有多少家长会是成功的、精彩的？又有多少家长会能够发挥应该发挥的作用，能够达到预期的效果呢？所以我们有必要将"如何开好家长会"作为我们新时期班主任工作研究的一个课题，让家长会这个教育环节变得无限精彩。

　　一、热情的邀请函

　　班主任应在开会前向家长发一份热情、真诚、目的明确的家长会通知书。让家长们有来的冲动和欲望，来得有准备、有目的。

　　例一：

　　尊敬的家长：您好！您的孩子升入了新的年级，您感觉他（她）有什么变化吗？他（她）适应新的老师吗？欢迎您本周五来学校做客，看看我们的孩子的表现，与老师和其他家长谈谈您的困惑、您的教育体会和您的经验。

　　例二：

　　家长同志：期中考试刚刚结束，您一定非常关注孩子的成绩和孩子在学校学习生活的情况吧。孩子长大了，在家肯定会有与以往不同的表现，您可能也会有些问题想跟别人交流。希望您能在百忙中抽出时间参加我为您和孩子组织的座谈会。期盼您能带来宝贵的教子经验与大家分享。

　　二、精心地布置教室

　　当家长们置身在一个充满温馨、气氛热烈、主题明确的环境时，当看到自己孩子系统、真切的各项学业展品时，他们一定马上会被这种氛围所包围，很容易走进孩子和教师的世界，为进一步的交流和沟通打下基础。

　　一般来说，前黑板书写家长会主题，如"学校与家庭是一对教育体"、

"为了孩子的明天"、"如何评价您的孩子"最好配以合适的插图，以起烘托之效。后黑板可以让孩子们为家长设计一期与主题相呼应的板报，当然教师最后要把好质量关。

座位的摆放，最好不采用秧田式，可采用口子形、回字形、弧形、椭圆形等。

桌面上可摆放孩子的作业、日记、作品、奖状等，还可以放上孩子们为父母精心准备的礼物、贺卡等。

教室四周的墙上贴上孩子们的优秀习作、毛笔书法作品、手工作品等。

还可以根据主题内容，让孩子们为班级装点一些鲜花、气球、爱心卡片、爱心树等，烘托一下气氛。

还可以搞一个图文并茂的展板。可以是教育教学成果展示，也可以是孩子们的心里话，也可以是素质教育剪影。

三、丰富多彩的会议形式

新型家长会中最重要的，是教师角色的转变：由以往当"家长的家长"、一个人口干舌燥却常常徒劳无功地唱"独角戏"，到教师、家长、学生共同唱一台戏。开会时不再是教师站在台上家长坐在台下，而是采取更多的亲和形式。学生也不再成为永远的"缺席被审判者"。下面列举几种家长会的召开形式：

交流式：就教育中的共性问题进行理论探索，或做个案分析，或开经验交流会。

对话讨论式：就一两个突出的问题进行亲子、师生、教师与家长的对话。

展示式：展示孩子的作业、作品、获奖证书或学生现场表演等，让家长在班级背景中了解自己的孩子。

专家报告式：就学生入学后某个阶段或某个共性问题，请专家做报告并现场答疑，以提高家长的教育素质。

联谊式：教师、家长、学生相聚在一起，用表演等欢快的形式，共同营造和谐的气氛，增进感情和了解。

参观游览式：学生、家长、教师一同外出参观游览，在活动中发现问题，促进沟通。

四、别出心裁的开场

万事开头难，一个好的开端可以一下把家长吸引进我们的活动中来。好的开端就是成功的一半。下面举两个例子：

例一："盲行"的游戏：先用布蒙上几位家长的眼睛，然后请他在教室走一圈，摸索中请他的孩子去搀扶。在行走过程中，不能用语言交流，只能以动作暗示。游戏结束，班主任道出设计游戏的初衷：家长们，你的孩子就是在黑暗中摸索的人，永远需要你和我们的呵护与帮助。在我们的共同帮助下，相信他一定会走出黑暗，奔向光明的未来！从而引出孩子和家长要互相理解、互相关心的主题。

例二：如果想以诚实为主题，解决学生出现的考试作弊问题、抄作业问题、说谎问题。班主任在一个月前先发给每个学生一粒炒熟的不会发芽的种子，让学生回家后将这粒种子种下，并告诉他们一个月后的家长会上每个学生都要把这粒种下的种子发的芽带上，让家长们帮助评比一下那些同学的种子发的芽好。

在家长会上，班主任首先让家长们看看哪些学生的种子发的芽好。肯定会有一些弄虚作假的学生把其他种子发的芽拿来评比。然后班主任揭开谜底，告诉家长给学生们的都是不可能发芽的种子，所有拿来发了芽的种子的同学都是不诚实的。之后引出诚实守信的主题。

五、开放性网络家长会

随着多媒体计算机和网络技术的发展，我们越来越多的学校开始把网络和教育结合起来。于是就有了网络家长会。

在召开网络家长会前，我们可以将学校情况、班级情况、学生情况、学生的心理烦恼、优秀学生的学习经验、家长学习资料、家长留言、任课教师情况及电子信箱等放在班级网页。

家长可以随时点击班级网页，察看自己孩子的情况和其他相关资料。在网络上家长可以与教师、孩子、其他家长进行交流和讨论，也可以在网络上的"家长论坛"栏目中发表自己的见解。家长还可以通过优秀学生的学习经验和家长学习资料获取知识，教育引导自己的孩子。

这种家长会不受时间限制、内容丰富、方法灵活，能激发家长、学生主动参与家长会的兴趣，创设民主、平等、和谐、愉快的氛围，增进家长、教师、学生三方的感情和相互理解，最终达到提高教育效果的目的。

案例反思

家长会是学校工作的重要组成部分，是实施素质教育的重要载体。但是，过去的家长会，讲学校成绩多，给家长提要求多，告状多；家长参与的少，老师表扬的少，相互交流的少。结果，家长会变成了一言堂、告状会。会后家长们多数是对学生训斥。所以，学生不愿意、家长不高兴。如此家长会，必将加重学生的逆反心理，不但达不到预期的目的，反而带来了副作用。因此，传统的家长会形式必须进行改革。新型的家长会能进一步促进学生发展性评价体系的建立，深化教育评价制度的改革。

2. "秘密武器"

我班一位男同学，不仅常常搞恶作剧，还三天两头打架，成了扰乱班级秩序的"头号人物"。不过，我也发现他身上的优点——好表现自己。为了降服这匹"野马"，我除了平时多和他接触，关心他的学习、生活外，还用了一种"秘密武器"。

一个周末，我在一张信纸上写道："尊敬的×××家长，您的孩子乐意为同学们服务，有很强的组织能力……您应该为有这样的儿子自豪……"然后，我把这位同学叫到办公室，把折叠好的信纸装入信封，故意不封口，交到他手上，对他说："这是我写给你父母的信，让你父母给我回封信，下星期一早上再捎给我。"

星期一早上，他最先来到学校，乐呵呵地把家长写有"孩子有进步，我很高兴，谢谢老师……"的信交给我。那天，我注意观察他，一天中，他精神饱满，眼睛有神，非常规矩，听课、做作业特别认真。我暗想：我的"秘密武器"起作用了。

从此，我和班上每个学生都保持这样的联系，时不时地给他们一个信封，里面根据学生的特点分别写上"您的孩子劳动积极、踏实肯干"，"您的孩子学习努力"，"您的孩子作业认真"，"您的孩子关心集体"，"您的孩子作文有真情实感"，"您的孩子发言大胆、积极"，"您的孩子讲文明、有礼貌、团结同学"等等，并暗中与家长商定，一定要写上激励性的回信，

每次，信封都不封口。

半个学期过去了，我从未严厉地批评过一个学生，也从未惩罚过一个学生，班风班纪却大有好转，不仅班级秩序井然，而且好人好事层出不穷。第二学期，我让那位捣乱大王担任了班长，在他的带领下，班上纪

律、卫生、文体、学习样样争先，一跃进入学校先进班集体行列。

案例反思

　　故事中的教师通过一次偶然的成功，发现了一个"秘密"（一点也不亚于发现了一座金矿）——人人都爱听"好话"，学生和家长都不例外。然后他便利用这个"秘密"作"武器"开展工作，结果"屡试不爽"。用这位老师的话说："半个学期过去了，我从未严厉地批评过一个学生，也从未惩罚过一个学生，班风班纪却大有好转，不仅班级秩序井然，而且好人好事层出不穷。第二学期，我让那位捣乱大王担任了班长，在他的带领下，班上纪律、卫生、文体、学习样样争先，一跃进入学校先进班集体行列。"你是否有点不信或者觉得不可思议呢？这位老师的故事再次告诉我们两点：第一，教师利用人性中的积极因素开展工作，总会有回报；第二，创造型教师应善于发现和借助"外力"开展工作。

3. 孩子的地盘让孩子做主

南宋著名思想家、教育家朱熹说过："小以成小，大以成大，无弃人也。"现代西方教育界也一再告诫人们，务必让每一个学生、每一个孩子在"适应性领域发展"，不能强求。道理虽然简单，但生活中扼杀孩子的天性、拔苗助长、单方面更改孩子的成才意愿的家长屡见不鲜，几年前，我就遇着了这么一位。

"毛老师，拜托您帮个忙，做做孩子的思想工作吧。如今她迷上了画画，学业早丢到一边去了，成绩每况愈下，我真不知如何是好。"学生艳的母亲向我大倒苦水，一脸无助地央求我。

艳？我的脑海中不由闪现出一个聪明活泼、颇有绘画天赋、成绩也还过得去的小女孩形象。"这孩子学习不是挺上进的吗？绘画天分极高，真是一块值得雕琢的美玉呢。"我对孩子发出了由衷的赞叹。"喜欢画画还不是玩物丧志？要是考不上大学，还不是竹篮打水一场空？"孩子的母亲发出了一声无奈的叹息。

"你错了，三百六十行，行行出状元。考大学，并非孩子成才的唯一路径，强扭的瓜不甜，为何要违背孩子成才的意愿呢？"我真诚地指出了她的思想之偏差。

也许是因为受传统教育理念影响太深的缘故，艳的母亲一时转不过弯来："毛老师，不是我不让孩子有绘画方面的爱好，我是怕她沉溺于画画而荒废了学业，夭折了一生的理想。"孩子的母亲好似吃了秤砣铁了心。哎，可怜天下父母心。为了孩子的成才，多少父母殚精竭虑、甘愿牺牲而心无怨言？又有多少父母越俎代庖、扼杀天才而不自觉？死板的说教往往于事无补，贴近生活的真诚沟通或许能令家长茅塞顿开。想到此处，我心里豁然开朗。

"清朝文学家龚自珍曾有一首流传千古的诗句：'九州生气恃风雷，万马齐喑究可哀。我劝天公重抖擞，不拘一格降人才'。当前社会发展一日千里，社会分工越来越细，社会需要工人，也需要农民；需要科学家，也需要教育家；需要高级金融总监，也需要清洁工……十年树木，百年树人。种树与育人的道理应该差不多。唐代有个叫郭橐驼的农民，以种树为业，凡他栽种的果树，没有不成活的。每棵树都枝繁叶茂、果实累累。许多种树人都暗中模仿他种树的做法，但谁种的树也没有他种的树那样好。人们感到奇怪，向他请教种树的秘诀。郭说：'我也没有什么特别的才能和秘诀，我只不过顺应了树木自然生长的天性罢了。'种树尚且如此，何况育人？"我委婉地点拨着艳的母亲。

接下来的日子，我不时让艳替我捎去对她母亲的问候，我也通过电话交谈的方式与艳的母亲保持着联系。经过一段时间的交往，我们之间的距离拉近了，变成了无话不谈的朋友，我们谈人生、谈理想、谈教子心得、谈家庭教育中的无奈。我也不失时机地给她讲一些父母教子成才的经典案例，诸如著名漫画家蔡志忠父亲的教子成才心得：

"蔡志忠出生于台湾省彰化县农家，他的父亲在家务农，但擅长书法。一次，父亲询问蔡志忠和他的小伙伴：'长大后想做什么？'蔡志忠告诉父亲：'想去画招牌，因为在过往路上看见电影广告招牌很漂亮。'父亲听了，淡淡一笑，既没有指责孩子胸无大志，也没有要求孩子子承父业。他后来对别人说，不管孩子做什么，只要认真做就好。

自小立下画招牌的志向，长大后却成为著名的漫画家，又有谁能断言，这个立志画招牌的孩子成不了才？为孩子的前程打算，就应该充分尊重孩子的志趣和爱好。"

我也与她谈论某些父母由于不尊重孩子对人生理想的选择，给孩子的成才带来巨大的负面效应的案例。这样的交谈多了，艳的母亲自然也就醒悟过来了。有个星期天，她特意跑到我的家中，与我就孩子的教育问题整整谈了一下午。末了，她无限感慨地说："毛老师，谢谢您。是您让我明白了让孩子顺其自然发展的重要性，让我避免了一幕惨痛的教育悲剧的上演……"此后，艳的脸上又浮现出了久违的笑容，她终于有权决定自己未来前行的方向了。如今，这孩子还真出息了，在沿海一家广告公司搞设计，月薪万余元呢。

孩子的地盘该由孩子做主。提倡素质教育的当今，无论是家长还是老师，只有让孩子在宽松的环境中顺其自然地发展，才能让孩子的人生理想之花结出甜美的果实。

许多家长因为缺乏科学育人理念的支配，在引导孩子成才的路途上，往往越俎代庖，将自己的意愿强加于孩子身上，因而酿成了许多家庭悲剧。针对家庭教育中存在的此类问题，班主任老师应主动担负起学校教育与家庭教育的桥梁纽带作用，通过与家长的交流沟通，引导家长慢慢步入科学、正规的育人轨道，以避免此类悲剧的发生、蔓延。

在对学生的教育过程中，班主任应学会两条腿走路，时时密切关注学生的家庭教育动态。如果孩子的父母对孩子的教育方式失之偏颇，班主任一定要想方设法与孩子的家长进行育人方式方法的沟通、交流。运用新潮而进步的育人理念武装家长的头脑，让学校教育与家庭教育形成合力。

强扭的瓜不甜，"赶着鸭子上架"式的育人模式只能让孩子与父母产生严重的对立情绪，要想让孩子成才谈何容易？案例中，班主任老师为纠正艳的母亲的错误的教子理念，巧妙运用"以其人之道还治其人之身"、类比引导、个案交流、攀谈教子心得等心理沟通技巧，让孩子的母亲终于走出了畸形的"爱子"情结，方法之高超确实令人叹为观止。

第十一章

临场处理篇

1. 误解——不可原谅的教育失误

　　一天下午，接到学生的"举报"，我们班的小静同学在午饭后上网吧了。这个性格内向、学习中等的女孩居然上网吧，盛怒之下，我把她叫到办公室里进行了一次严厉的批评。我从学校的纪律到国家的法规，从未成年人不能独自进网吧的规定到沉迷网络走上不归路的事例，动之以情，晓之以理，直说得口干舌燥。她总是一言不发，可见性格内向之极。我的说教不得不作罢，只得让她回去写所谓的检查。她低着头走了，那单薄的背影十分沉重。

　　晚上，我依旧打开电脑，先写好教学日记，再浏览新发在"教育在线"上的文章，之后打开信箱看是否有新邮件。还真有一封，打开来，署名居然是小静。我连忙读起来，信的内容大致是这样的：张老师，我最近老是做飞翔的梦，飞得并不高，只离开地面一米多的样子，很多时候还有一个男生和我一起飞。醒来，我就沉浸在一种喜悦中，但是我一想到梦中的他，我就很害怕，我就感觉我是多么的无耻，恨死我自己了。这样下去，学习也会下降的，我该怎么办呢？……请您千万为我保密啊，如果让同学们知道了，我就没脸上学了……

　　我读着，一种强烈的内疚感在心中弥散开来，我是误解了这个内向的小女孩正向我敞开的心灵啊！因为性格内向，她可能不好意思当面和我这个男班主任交流此事，不得不采取了给我发电子邮件的方式。学校的微机室是集体上课时才开放的，因为两个学生共用一台电脑不方便发邮件，她只有去网吧了。我猜测着。这一夜，这个13岁的小女孩的沉重的背影一直浮现在我的脑际，我思考了良久……

　　第二天早晨，我找到曾经教过初中生理卫生的黄老师，私下对她讲述了小静的事，让黄老师和小静谈谈梦中飞翔的原因，以及梦见男生的心理倾向。我看到她时，她正来交检查，我悄悄地对她说："你发的电子邮件老师收到了，并请黄老师专门给你讲一讲梦的形成和梦中飞翔的事儿。"她依旧是点了点头，一脸忧虑地去了。

我读着她近千字的检查，心里有说不出的痛：这群缺少健康教育的农村孩子，不知道如何应对自身成长带来的生理和心理上的诸多问题，作为一个男老师，作为小学六年级的班主任的我，更缺乏对每个孩子无微不至的关爱。

小静回来了，她站在我的办公桌前，微微一笑，对我说："谢谢您，张老师。""小静，昨天老师误解了你呀！"我连忙说，"昨天，没有问清你上网吧的真正原因是我的失职，我不该那么批评你。黄老师给你讲的，你明白了吗？""老师，我听明白了。"她的嘴角依旧挂着一丝笑容。我们谈了好一会儿，我告诉她：你不便和老师说的事情，可以写信给老师啊，不需要到网吧去的，因为你还是未成年人。可是你的表达方式确实是一个保密程度高、传递速度快的方式。这种事情，是成长过程中的烦恼，你敢于表达就是一种健康成长的表现。老师在十几岁的时候也是这样的，但是当时羞于和老师或家长说，这样的小问题一直困扰了我很长时间……

从那之后，我们班在我的指导下新增选了女生班长，专门负责女生事务，并且"聘请"黄老师担任我班的健康教育辅导员。

案例反思

很多班主任都是在所谓的经验支配下产生工作失误的。只知道有问题，却不能抓住问题的核心和根基，以硬性的、粗放的管理为主，很容易误解孩子，对他们造成心灵的伤害。特别是在少年成长的关键时期，由于他们身体发育较快，学生的精神风貌和心理状态也会发生或明显或细微的变化。鉴于此，班主任更要时刻洞察高年级学生的那些细微变化，以便及时呵护处于困惑中的学生。试想，天下的孩子会

有多少被误解过呢？又有多少误解被及时纠正了呢？真心改正工作中的失误，细心呵护每个孩子的心灵，这对班主任来说相当重要。我们每日应自省己身，发现问题时要及时处理，以便为孩子们的健康成长保驾护航。

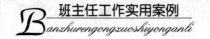

2. 响鼓也要重槌敲

"老师，二娃与狗剩他们正在教学楼后决斗，您赶快去制止，否则将出大事。"纪律委员石头气喘吁吁地跑来向我报告。"二娃？"说谁我都相信，说是二娃，我却无论如何都想不到，一个我极为疼爱与倚重的班长，背地里怎么可能有这样让我大跌眼镜的冲动行为？但看着石头焦急的神色，我知道他并未说谎。带着无尽的疑惑，我心急火燎地往事发现场赶。

"竟敢不给我送生日礼物，看我不整死你。"半路上，一个恶狠狠的声音传入我的耳朵。是二娃的声音，我一头雾水：什么生日礼物？难道才初二的学生也学会了"行贿"、"受贿"？虽说世风日下，但我总认为，孩子们的心地还是像水一样的清纯，是不含杂质的。但二娃这句话却不能不让我胡思乱想。

我的心中不由又浮现起班长二娃在班级的种种好来。

这孩子学习特别自觉，脑瓜特别灵活，在同学中威信也相当高，我也有意把他培养成自己的得力助手。说是任命为班长，其实是让他行使着副班主任的职权，我若不在班级，班级大事小事，悉由他一人决断。由于他办事果敢、雷厉风行，班级学生在他面前毕恭毕敬。一个我恩宠有加、在同学中又有很高威信的学生，怎么可能陡然变成"南霸天"？难道是我对孩子的教育出了问题？我的思绪更乱了。

"有种你就单挑，为何仗着人多势众？"打斗现场，狗剩声嘶力竭地怒骂道。"单挑？你想得倒美，今天不整得你喊娘叫爹，我二娃这班长就算白当了。"二娃极自信地回敬道。一旁围观的学生跟着瞎起哄，那场面简直就是电视上的黑社会火拼。"快给我住手。"仿佛晴天里起个霹雳，震得围观的学生一个个作鸟兽散。我将参与斗殴的学生带进了办公室。

"胆子不小，光天化日之下、大庭广众之中，竟然聚众斗殴，到底谁是主谋?"我气急败坏。一群人个个默不作声,都低着头,将眼睛的余光瞧向二娃。二娃呢,此刻也涨红了脸,活脱脱一个"关公"。良久,他用极低沉含糊的声音回答道:"是我。""你?"虽已心知肚明,但我一时却无法接受眼前的事实。难道这就是我最得意的弟子导演的一幕闹剧?我眼中那个优秀的班长哪里去了?反差为何竟如此之大?我硬生生地强压住心头的那把无名火,进一步查问事情的原委。

"生日礼物是怎么一回事?"我隐约感到此中定有隐情。刚才还伶牙俐齿的一群人,此刻个个都变成了"闷葫芦",二娃的脸更是一下子变成了猪肝色。"我检举。"狗剩带着哭腔打破了沉闷的气氛,"上个星期二娃过生日,他瞒着您要求班里每位同学都得给他买一件生日礼物。我本来也给他买好了一个瓷娃娃,可不小心让弟弟给打碎了,没有东西送给他,他就……呜呜!"说到伤心处,狗剩大放悲声。果不出所料,班级权力的过分集中,竟然也会滋生"腐败",我原先为什么没有想到这一层呢?此风不刹,后患无穷呀。

我心里不由倒吸一口凉气。

"二娃,真有这么回事?"我收起往日对他说话的那股亲热劲,神色凝重地追问道。此刻的二娃,眉头深锁,一脸哭相。我相信,要是有个地洞,他一定会毫不犹豫地钻进去的。他机械地点点头,算是回答,全不见往日向我汇报班级要闻时的风光模样。面对哭丧着脸的二娃,我穷追猛打道:"你有什么理由要求同学为你送生日礼物?是因为你地位高不可攀、你的威望高山仰止?"二娃无力地垂下头去,尴尬、羞愧、悔恨、难过……各种复杂的情绪在他的脸上交织,我相信,那种如百毒攻心般的感受,绝非他所愿经历。都说人心不古,世道变了,或许社会上愈演愈烈的功利主义思想侵蚀了孩子原本健康的灵魂。我陡然感觉到一股强大的社会责任感向我袭来,绝不能让孩子就此沾染上不良社会习气!

我于是进一步剥离出他那赤裸裸的灵魂:"'吃人的嘴软,拿人的手短','壁立千仞,无欲则刚'。为了满足一己之私欲,历史上的和珅,近些年的陈希同、成克杰之流,哪一个又有好下场?纯洁的友情不是靠物质利益来衡量的,而是心与心的真诚交流。别人真心诚意的馈赠,我尚且思之投桃报李，为何还要强行索取于人，甚至大动干戈？"我话说得轻却落得重，仿佛一记闷棍重重地敲在二娃的头上，响鼓也要重槌敲，当孩子在人生的路途迷失了方向时，决不能听之任之。良久，二娃羞愧然而坚定地抬起头来，仿佛下了极大的决心似的，他走上前去，紧紧握住狗剩的一双手，悔恨交织地说：

"对不起，都是我的错，请原谅。""我也有不对的地方。"狗剩真诚地回答。

此后，为彻底杜绝班级同学之间送礼这一不良习气的蔓延，我时时关注对学生人生观、价值观的教育。我让孩子们课余收集历史上、近年来的清官事迹及某些贪官的可耻下场，并畅谈自己读后的感想。这样的活动搞得多了，班级学生送礼、收礼之风也随之销声匿迹了。

案例反思

"好花不浇不盛开，小树不修难成材"。学生无论其成绩如何优秀，毕竟还是未成年人，心理还不太成熟与理性，班主任老师必须加强对他们的约束和教育，切不可掉以轻心，一味姑息迁就。否则，将助长他们不良思想的蔓延，滋生其作为优生的强烈优越感，狂妄自大、目空一切，做出种种出格的举动。

班主任对优生心理障碍的疏导必须讲究教育机智和策略。

首先，班主任应转变对"优生"这一概念的认识。我国常规意义上的"优生"，一般单纯地以学业成绩好坏作为其唯一评判标准，这是不科学的。真正的优生，应该既是学业的标兵，也是完美人格的表率。

其次，对优生，班主任切不可抱有一俊遮百丑的心态，更应关注其心理健康，帮助其摘掉罩在头上的光环，恢复其作为普通学生的平常心态，让其生活在集体之中，而不是游离于集体之外。

再次，优生犯了错，班主任更应以对待普通学生的尺码，严格要求，甚至要求更高，切不可网开一面，使优生特殊化，以免其滋生偏激、自私、骄横等不正常心态。

　　当然，在教育的词典上，没有一成不变的万能之法。一般来说，优生较之一般学生，自尊心更强，更注重别人对自己的评价。严厉的指责、全盘的否定、一棍子打死等极端的做法，不一定能收到良好的转化效果，甚至会弄巧成拙，让优生自此丧失了前进的动力和热情。瑕不掩瑜，作为班主任，我们应该容许学生犯错误，更应容许学生改正错误。入情入理的说服教育、推心置腹的真诚面对、无微不至的关心爱护……我们相信，孩子是最容易感化的。

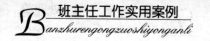

3. 谁在课堂上放屁

　　一天上午，我把作业评阅完毕便闲坐翻看教科书，忽然从书中掉出一页写满密密麻麻字迹的作业本纸。我知道这是学生写给我的，我告诉过学生，凡是口不愿言的就用文字表达，然后悄悄塞进我的教科书里就行了。

　　一般来讲，学生写给我的内容多是和某个同学闹矛盾了请我出面调解啦，学习上有困难心里不好受啦等等，我就成了他们的调解员或静心倾听的出气筒。不过我很喜欢这种交流方式。想来这张纸上也不过如此吧，谁知等我展开细看时却并非如此！

　　信的正文第一句就是个颇带质问语气的疑问句：老师，您为什么要说屁是您放的？这都值得质疑啊，我不置可否地笑笑。再看：老师，您是一位优雅温柔的女老师，您为什么要帮我顶着这么粗俗的罪名啊？这孩子，放个屁算什么，不过是一种正常的生理现象而已，什么粗俗哦，又算哪门子罪名啊。我觉得这个学生太小题大做了。接着看：老师，我是一个学习不好、穿着不好、习惯不好的学生，同学们都瞧不起我，以前的老师嫌我穿得不好，经常说我影响班容……看到此处，我心里酸酸的，那次放屁事件不由得浮现在我眼前。

　　语文课上，我在教室里面来回走动，声情并茂地范读朱自清的散文《春》。学生凝神细听，教室里就我那清脆的声音在描绘，在抒情。正当我读到"像牛毛，像花针，像细丝"这组排比句时，那个"丝"字还没有出口，上下牙齿正好碰在一起发"细"的音，猛听得我旁边的一个学生发出了"噗……"的一声响，那声音响亮而又悠长，感觉还转了个弯。我愣了一下，立即装作什么都没觉察，继续范读。我知道，旁边的学生放了一个屁。可是学生们愣了一瞬间之后却"哄"的一声笑开了，怎么都停不下来。我只好中断朗读，紧绷着脸，沉默着。有些学生看我脸色不对停住了笑，可还是有一个冒失鬼大声地冒了一句："谁在课堂上放屁？太不像话了嘛！"其余的学生听他这么一说齐刷刷地向我这边看过来，因为声音是从我这个方向发出的。

我悄悄看了看那个放屁的学生，只见他低着头，涨红着脸，脚在地板上不自然地来回摩擦。我知道，他很难为情，很害怕。他本来就是一个寡言、自卑的孩子，如果学生们知道屁是他放的，下课之后的讥笑一定会让他更加抬不起头来。于是我把脸一正："笑什么？屁是我放的！俗话说，人身上有三件宝：放屁、出汗、打喷嚏！我不过是亮了一件宝，就值得你们这样兴奋啊？这是很正常的生理反应，每个人都会出现的，今后谁也不许笑这些本来就该发生的事情！"学生安静了，我接着朗读，顺便看了看那个放屁的学生，他认真极了，只是眼眶里蓄满了晶亮的泪水。我知道，他的头今后一定能抬起来了！

自那次课堂"揽屁"之后，我以为这件事就算不了了之了。哪知道这孩子还写信来质问。这么说来，我得找个时间与他交流一下，不然，他心里要是积着太多的疑问，时日久了，就会滋生出消极因素。鉴于他性格内向，我以为还是写个小纸条来解开他的心结比较妥当。于是挥笔写了一张小纸条，再折成一个心形悄悄递给他。小纸条是这样写的——放屁本来是很正常的事情，可是，班上坐的都是孩子啊，他们还不懂得如何去体谅一个同学的难堪心情。我作为老师，不是哪一个孩子的老师，是所有孩子的老师啊！当你面临尴尬不得解的时候，老师不出面谁出面呢？在家里，你的父母是你最值得信赖的人；在学校，你的老师就是你最值得信赖的人。不论你穿着怎样，学习怎样，在老师眼里，你就是我的学生，当你面临困境的时候，只要我能帮你，我就义不容辞！

孩子没再问我什么了。但是，自那以后，我感觉得出，孩子每次看我的眼神，里面都充满了温情和敬意；我也看得出，每次我到教室上课时，孩子的脸上都写着"雀跃"两个字。

案例反思

　　一个女教师如果没有对学生的真诚的爱，又怎么可能在课堂上去"揽屁"呢？几乎每个教师都知道"没有爱，就没有教育"，但是真正落到一些细节上时，又有多少人用心去做了呢？爱学生不是口头的表达，不是文字的书写，而是真心地落实到行动上去帮学生排除一切尴尬和困厄。哪怕是一个微不足道的细节，只要有益于学生，我们也应不放过。

　　师爱是崇高的，所以师爱是不计较任何得失的；师爱是纯净的，所以师爱是不嫌弃任何不雅的。一个教师，唯有拥有春风化雨般美好的心灵，才会营造出和风送暖的师生情谊。

4."戴高帽"的神奇效应

　　语文课上，我正在讲解着美国作家狄斯尼的作品《勇气》。文章讲的是二战期间一个美国伞兵在诺曼底登陆战役中两次被一位法国妇女救助的感人故事。绝大多数同学听得很认真。突然，讲台下面传出了一个声音："老师，什么是勇气？"我循声望去，见提问的是班级的"调皮大王"牛伦。这家伙平时有点阴阳怪气的，从不肯认真听一堂课，刚才他提出的这个问题也是我在本堂课讲解得很清楚的，但即便是上课不认真吧，能当堂提问毕竟是不小的进步，我于是将这一问题的答案复述了一次。

　　对于我的讲解，他好像并没有认真去听，只是摸了摸后脑勺，嬉皮笑脸地追问道："老师，您看我是不是一个有勇气的人？"想不到他的脸皮这么厚，大家都被他阴阳怪气的语调逗乐了。摆明了，他积极提问是假，哗众取宠、扰乱课堂纪律是真。如果我继续跟他纠缠不清，正好上了他的当。我不再理会他，整顿了课堂纪律接着授课。

　　课后，我把他叫进了办公室，他一副满不在乎的模样。多年的调皮捣蛋使他对老师的教育已形成了条件反射，事先早做好了迎接"狂轰滥炸"的思想准备。此时此地，作为班主任，即便是口吐莲花，也未必能使他认识到自己的错误。"正弹琵琶"、巧言说服？无异于隔靴搔痒、对牛弹琴。不如试一试这招"反弹琵琶"吧，说不定能起到意想不到的效果呢。

　　我一改往日找他谈话严厉而冷峻的模样，挪过一张椅子，和颜悦色地请他坐下，说："老师将你单独请来，就是为了解答你课堂上提出的问题的。"也许是习惯成自然，听惯了老师的呵斥与怒责，陡然传来温言细语，他似乎有点不太适应。只见他一惊一愣，不太相信似的在那张椅子上坐下，那副"百毒不侵"的模样依然在脸上显现，果然不是一盏省油的灯。

"你能在课堂上积极提问，这是追求进步的表现，老师很高兴。据老师的了解，你虽说算不上一个顶有勇气的人，但你也向大家展示过过人的勇气。"我在他的头上加上一顶"高帽"。他露出疑惑的神色，一时搞不清我的葫芦里到底卖的是什么药。

"那次体育课，有同学在操场上练习投掷标枪，锐利的标枪裹着一股劲风飞了出去。突然，一个同学不小心闯进了标枪投掷区，一边的同学发出声声尖叫，你当时正好在一旁踢球，不顾自身安危，以无比快捷的速度推开吓愣了的同学，这才避免了一场重大事故的发生。这难道不算有勇气的表现？"我以无比激动而赞叹的语气真诚地回顾着他那"闪光的一瞬"。想不到，平时"刀枪不入"的牛伦，在我这一顶"高帽"前竟丧失了抵抗力。再也看不见他平时那大大咧咧的模样，他兴奋得两眼放光，红了脸，看样子正在回味当时那激动人心的一幕。

看来"戴高帽"的教育效果远胜于"大棒政策"，既然他戴着舒服，我就决定给他再戴上一顶，让他彻底消除对我的戒备心理，乐于听取我的批评教育。

"去年冬天，放学回家的路上，因为天气寒冷，一个低年级的同学由于不小心，从结了冰的桥面上滑入了桥下深水的小河中，一个鲜活的生命顷刻之间将要面临灭顶之灾。一旁的同学束手无策，吓得大哭。危急时刻，你恰好从桥上经过，顾不上脱掉身上的衣裤，纵身跳入冰冷的河水中，拼尽全力将落水同学救出水面。据说，当时你爬上岸来，冷得浑身直打哆嗦，连嘴唇都冻紫了。你的这个光荣事迹在学校广播站还热播过好一阵子呢，同学们谁不佩服你舍己救人的英勇壮举？这难道不算是有勇气的表现？"说到牛伦最为引以自豪的救人壮举，牛伦的脸上露出一丝得意的神色。孩子嘛，喜欢在人前张扬显摆自然在所难免，更何况现在面对的是班主任老师的"一顶大大的高帽"。他更想不到，在我的心目中，他竟然还是一个大大的英雄。我要的就是他这种舒坦的心情。

"当然，'金无足赤，人无完人'，每一个人都不可避免地存在着这方面、那方面的缺点、错误。我相信你也不会介意老师当面指出你的不足。"我见形势大好,话锋一转,由"戴高帽"转入"婉言批评"。"老师,我所犯的错误太多了,我诚恳接受您的批评教育。"他的态度果然来了个180度的大转折,前后判若两人。我进一步确信了这招"反弹琵琶"的神奇功效。

"你敢于在课堂上向老师质疑问难,这确实勇气可嘉。但你的这点勇气又怎能与文中美国伞兵、法国妇女的勇气相提并论呢?那是一种由于对和平的渴望和对战争的痛恨而激发的信仰和勇气,是人类最高尚的道德情操。在课堂上要小聪明、搞小动作、哗众取宠,这怎能算是有勇气的表现呢?这只能算是一个人浅薄、无知的明证。你救人于危难之间的勇气跟课堂上的表现完全是两码事,老师相信你应该能明辨是非。"我诚恳而客观地对他进行了评价,字字句句,饱含着温情,我不相信他不会被感化。一抹羞愧的神色在他的脸上浮现出来:"老师,我对自己今天在课堂上的表现向您深深地道歉。往后,我一定改。"

接下来的日子,牛伦果然像变了个样,竟成了班级的纪律标兵呢。

案例反思

马克思说过:"教育绝非单纯的文化传递。教育之为教育,正在于它是一种人格心灵的'唤醒',这正是教育的核心所在。"

"反弹琵琶",能引起犯错学生的心理反差与失衡。学生犯错后,心理比较脆弱,甚至会产生自卑、受挫、戒备、恐惧和对立的消极情绪。教师的"反弹琵琶"会使学生感到自己虽然犯了错,但老师并没有轻视自己、厌弃自己。这时候,班主任的鼓励与赏识,定会让学生深受感动,从而真心悔悟、痛改前非。

"反弹琵琶"需要班主任态度真诚。冷嘲热讽、打击挖苦,极易让学生产生敌对情绪,从而使师生关系恶化。班主任老师真诚的态度与情感能让学生切实感受到自己不是在接受批评,而是在接受一个长者善意的劝告,从而幡然醒悟。

　　"反弹琵琶"需要班主任具备高超的批评技巧。学生是可塑的，即使是容易犯错的孩子，班主任也要充分挖掘学生身上隐含的积极因素与闪光点，哪怕非常细小，都要积极利用，以此为契机，打开学生的心灵门户。

结　　语

给青年班主任的十一个小建议

荀子曰："不积跬步，无以至千里；不积小流，无以成江海。骐骥一跃，不能十步；驽马十驾，功在不舍。"他形象地阐明了这样一个道理：千里之行是一步一步积累起来的，浩瀚大海是一点一滴汇聚起来的。同理，班主任专业化也是从点点滴滴做起的。青年班主任要想在班主任专业化的道路上稳步前进，不仅不能忽视微不足道的小事；相反，还应该从小事做起，稳扎稳打，步步为营。

我在此把殚精竭虑乃成的十一个小建议奉献给青年班主任朋友。

第一个小建议：随身携带一支笔几张纸

担任了班主任，就获得了走进青少年心灵世界的"礼遇"。青少年的心灵世界是丰富多彩的，班主任工作也是丰富多彩的。它是艰辛的劳动，苦辣酸甜咸，各种滋味尽有。同时，这也是一项充满创造智慧的工作。班主任工作的天地间，太阳每天都是新的，每天的生活都是新的，每天的教育都是新的，每天孩子们都在发生新的变化……这一切，都应该记下来。随身携带一支笔，有什么感悟，有什么想法，随时记下来。起步阶段，记下的是一鳞半爪，可这都是鲜活的第一手素材。天长日久，积累多了，就会培植出参天大树。

现在，手机随身携带，各种卡随身携带，甚至化妆品随身携带……而越来越多的教师却往往忘记随身携带笔和纸。一支笔几张纸，不会占多大地方，不会增添多少负担。一旦形成了这种习惯，你的视野会越来越丰富，你的精彩会越来越瑰丽，你前进的步伐会越来越稳健。

第二个小建议：在台历上写下明天必须办的事情

班主任工作千头万绪，我们很容易在忙忙碌碌中忘记了必须做的事情。这样日复一日年复一年，结果到头一看，两手空空。比如想一个学期读几本教育书籍，写几篇教育随笔，可是在昏头昏脑中，时光流逝，一切付诸东流。

为防止遗漏，建议一天结束的时候，用一两分钟思考一下，然后在台历上记下第二天必须办的事情，而且按轻重缓急排个次序。记下的事情是必须办的，可办可不办的不要写，想办却没有时间办的更不能写。否则，罗列的事情太多，自己完不成，欠下一笔债，心里不安，会影响情绪。

形成了习惯，可以推而广之。每周周末，定好下周计划；每月月末，定好下月计划；每个学期开始之际，定个学期计划。这样工作有条不紊，效率自然会提高。

第三个小建议：把本届学生的特色留下来

每届都有特长生，他们或擅长学习，有独特的学习方法；或擅长文艺，在文艺方面有天分；或擅长科技小制作，心灵手巧……我们不妨把这些特长生的作品保存下来，展示给下一届的学生，让他们观赏，引导他们学习。他山之石，可以攻玉。学长的特长展示会给学生以震撼、以感染、以启迪，而往届学生就是他们的哥哥姐姐，有亲切感，其引导作用自然，说服力强。这样这届学生就会在一定的高度上进一步提高，这个班级前进的步伐就会加快，这是省时省力的好方法，我们何乐而不为？

第四个小建议：订一份班主任刊物

订购报纸杂志应该成为习惯，而阅读教育报纸杂志是班主任专业发展所必需的。有许多班主任订购了七八种乃至十几种报刊，在先进教育思想的熏陶下，个人综合素质得以快速提高。不少青年班主任从来不订购教育报刊，于是不能接触最新的教育信息，不能借鉴最新的教育方法，直接影响了自己的进步，以致在班主任专业化的道路上步履维艰。

建议青年班主任每年订购一份教育报刊，如《班主任之友》、《班主任》、《德育报》。不仅阅读，而且要在报刊的边边角角写一写心得。

每学期结束的时候，给自己订购的教育报刊做一份目录索引。日后，思考什么问题，参考什么课题，可以利用目录索引寻找相关文章。这样做，有利于充分发挥报刊的作用。

第五个小建议：只选一个或两个网站，只到一个或两个论坛上活动

现在越来越多的班主任认识到网络学习的重要性，他们经常上网冲浪，开阔了眼界，更新了观念，增加了知识储备，结交了不少朋友。这是与时俱进的举措。但是，有一种现象应该引起我们的注意。有些人上网，东瞅瞅，西望望，"打一枪换一个地方"，哪里热闹就到哪里去。这样在热热闹闹之中，时间不知不觉溜走了，上网时间不短，收获甚微。

建议只选一个或两个网站，集中精力浏览、学习。有的网站有几十个论坛，几十个栏目，让人眼花缭乱，目不暇接。最好选一两个论坛，集中精力集中时间发帖、跟帖。

对班主任工作而言，"班主任之友论坛"、"教育在线"的"班主任论坛"、中国教师研修网、中小学继续教育网……都是质量上乘的网站论坛。

第六个小建议：每周写两千字班主任工作随笔

有不少青年班主任崭露头角，其经验之一就是坚持写班主任工作随笔；许多在班主任工作上有所建树的教育专家，其成功的诀窍之一就是坚持笔耕。写作是班主任专业成长的必经之路。有人深刻地指出：当今教师的生存状况是艰难的，但不管多么艰难，也要认识到，要避免色泽黯淡的"人生"，最可行的办法就是"关注自己的内心世界"，谋求自我灵魂的充实和成长——读书、反思和写作。

建议青年班主任解放思想，大胆写作。不为自己不写文章寻找借口：工作忙，没有时间动笔；自己不是学文的，不会写作；年纪大了，脑筋跟不上，不能写作……为了提高自身专业素质，什么困难都可以克服。只要增强了信心，什么借口都会土崩瓦解。

初始阶段，可以不写被许多青年班主任视为畏途的论文，可以记述自己所经历的教育故事，记叙班级成长的故事，记叙自己学生的发展变化……因为是自己亲历的熟悉的事情，写起来就会得心应手。建议初始阶段最好订个目标，例如每周不少于两千字。坚持一段时间后，你或许会感到写作其实也不是"难于上青天"的，每周两千字的目标就打

破了。

第七个小建议：在节日时给自己的老师发短信或电子邮件致以问候

青年班主任都有老师，或是求学期间曾给自己慷慨帮助热情激励的学业老师，或是工作后领导给自己聘请的指导老师，或是自己在网上结交的知心老师……在节日时，一定要给他们发个手机短信或是电子邮件。这样的短信或电子邮件一定要情真意切，要真诚地表达自己的感情，不要把网络流行的问候信转发一下了事。有了真诚的感谢，才会赢得真诚的帮助。这也是获得专业快速发展的一条捷径。

有的班主任在请求帮助时，对老师十分热情；过后，却把老师忘在脑后，不理不睬；再去求助时，老师的热情自然也会减半。

尊师重教是中国的传统。节日给自己的老师发短信或者发个电子邮件致以问候，这应该养成习惯。

第八个小建议：从打一壶水沏一杯茶做起

有的青年班主任从当上教师的第一天开始，就给自己立下一个规矩。每天第一个到办公室，提起暖瓶到锅炉房打好开水，给老教师一个个沏好茶。这样的小事，他们坚持了一个学年，甚至坚持了几年。小事促使他们培养了尊师爱生的好习惯。老教师乐于慷慨帮助他们，他们在老教师的鼎力扶持下，快速成长，很快就成为青年骨干教师，成为全区的优秀班主任。这是值得借鉴的好经验。

打一壶水沏一杯茶是个小事，可这小事却能反映青年班主任尊敬前辈的谦虚谨慎的良好品质。难能可贵的是他们能够持之以恒，培养了毅力，培养了良好的品德。

第九个小建议：一个月读一本书

读书是青年班主任快速成长的捷径。要走上这条捷径，必须解决一个误区——没有时间读书。许多青年班主任也知道读书的重要，但是一次次以没有时间为借口而心安理得地与书失之交臂。其实，这是惰性在作怪。

有人说："成功与失败的分水岭可以用五个字来表达——我没有时间。"实现一个月读一本书的建议应该不费吹灰之力。

第十个小建议：每周给自己的家人照一张相

美国有位母亲，每天给女儿照一张相。坚持了二十年。后来这位母亲把二十年的照片展览出来，引起轰动。七千多张照片，真实地记载了女儿生命成长的日日夜夜，生动地记载了这位母亲对女儿深沉、真挚、持久的爱。

建议青年班主任每周给自己的家人照一张相。如果有了孩子，那么就每周给孩子照一张相；如果还没有孩子，就每周给自己的父亲、母亲照一张相。不是一年两年，而是坚持五年、十年、二十年、三十年。用这种方式，表达对子女的爱，对老人的爱；用这种方式，培养自己的爱心；用这种方式，享受生活；用这种方式，记载我们生命的轨迹。若干年后，欣赏这些照片，该是多么惬意多么温馨的事情啊！

教育事业是年轻的事业，我们必须保持一颗年轻之心，为事业，为孩子，更是为了自己，我们不能未老先衰，不能过于沉重，不能忧心忡忡，不能满怀牢骚，不能怨声载道……我们需要忙碌、紧张、竞争、奔波、辛苦，也需要轻松、休闲、逍遥、浪漫。让我们的生活五彩缤纷，让我们的心情更恬适更美好。而每周给自己的家人照一张相是修炼一颗年轻的心的举措。

第十一个小建议：每周记下一个德育故事

我们要让青少年学会体验高尚与尊严，善良与真诚，仁慈与怜悯；学会体认奉献、感恩、宽容、同情、自尊、自信等美好品质；学会感受人间的真情、亲情、友情、同情、爱情等美好感情。而要达到这样的目的，可以借助德育故事。伟大教育家苏霍姆林斯基反复教导教育者要善于运用德育故事。他明确指出："在关于人的美的观念中，占首要地位的是人的精神美——思想性、忠于信念、不屈的意志、同情心、对恶的毫不妥协的精神。我们通过鲜明生动的、富有思想性的故事形式，讲述精神美的人物，让人类在过去和我们今天所创造的一切道德财富进入学生的意识和心灵。这些故事使学生思想激动，迫使他们思考自己的行为。"他善于利用故事，故事是他教育工作的得力助手。《做人的故事》一书搜集了苏霍姆林斯基近600则生动的故事。

为此，建议青年班主任每周记下一个德育故事。日后就可以实现这样的目标——做讲故事的高手，让故事做班主任的助手。

班主任的工作是艰巨的，作为一个班主任是很辛苦的，但请记住文章中这样一段话："班主任工作的天地间，太阳每天都是新的，每天的生活都是新的，每天的教育都是新的，每天孩子们都在发生新的变化"，理解了这段话，你就能体会到作为一个班主任的幸福，作为一个班主任的意义。